家国情怀 5

JIAGUO QINGHUAI

主编 任建欣

编 委 会

编者的话

亲爱的同学，当你打开这本书时，你就开启了一段惬意的旅程。从相遇、相知，到相伴前行，淡淡的书香将一直萦绕在你身边。

初中阶段，你已经读过许多名篇佳作，在充满智慧和温情的文字浸润中，语文素养自然会得到提升。但面对神秘奇幻的自然、日新月异的社会、渐趋丰盈的人生，仅仅是课堂上阅读的文章，恐怕很难再满足你的需求，你的阅读理应更广泛、更专业。如何让课内外读物有机融合成滋养你成长的沃土？如何让点滴的阅读收获汇聚成助推你遨游书海的动力？为此，我们邀请了全国各地的名师，精选文章，为你搭建大量阅读、高效阅读的平台。

于是，便有了摆在你面前的这本书。

这本书分为经典诵读、主题阅读、整本书阅读三个板块。

第一个板块是“经典诵读”，所选古诗词都具有经典阅读价值。针对诗词中可能会给你造成阅读障碍的生字难词，我们增加了读音和注释，且辅以专业诵读音频和鉴赏资料供你随时赏听或查阅。你可以利用每天的晨读或其他课余时间反复诵读，只要持之以恒地阅读，假以时日，定能厚积薄发。

第二个板块是“主题阅读”，我们精心挑选了几组文章，聚焦主题，帮助你进行专题探究。其中，“范文阅读”有批注和学习提示，方便你边阅读边思考，掌握这一类文章的阅读方法，并能进行拓展运用。“组文阅读”有单元学习任务，帮助你对一组文章进行整合阅读、比较鉴赏，从碎片化到结构化，在阅读中积累语言、拓展思维，提升核心素养。带有“自由阅读”标签的文章，你可以根据自己的需要、兴趣自主选择阅读，多读、少读，深读、浅读皆可，如能养成边读边做批注的习惯，你会收获更多。带有“类文阅读”标签的是一组与写作要求相匹配的文章，旨在提供写作思路，激发你的创作灵感。这组文章的首篇附有旁批，为你的写作实践提供技巧点拨。

“整本书阅读”设计了“阅读导航”“精彩选篇”“阅读规划”“交流平台”等助读工具，旨在激发你的阅读兴趣，帮助你掌握科学的阅读方法，从而有计划地开展整本书阅读。

愿这本书伴随你度过阅读的美好时光，与经典交流，与大师对话，帮助你积累知识，开阔视野，提升素养，成为睿智优雅、阳光自信的中国好少年！

经典诵读

第一单元　感悟生命

范文阅读

组文阅读

第二单元　草木有情

自由阅读

第三单元 人生哲思

自由阅读

第四单元 诗中理趣

范文阅读

组文阅读

第五单元　文从字顺

类文阅读

整本书阅读

踏一条平平仄仄的幽径，咏一阕抑扬顿挫的辞章，让心灵开始一次雅韵悠长的旅程。从《诗经》到宋词，从田园到边塞，从婉约到豪放，从现实主义到浪漫主义……那些或率真质朴、或清幽缠绵、或慷慨刚健、或隽永蕴藉的诗句，寄托了中华儿女的家国情怀，传承着博大精深的中华文明。

有了诗词的濡染，我们的语文学习自当渐入佳境；有了经典的浸润，我们的语文生活定会异彩纷呈。

1. 越中[①]览古

⊙〔唐〕李白

越王勾践破吴归，战士还家尽锦衣[②]。
宫女如花满春殿，只今惟有鹧鸪[③]飞。

赏析

这是一首怀古之作，亦即诗人游览越中，有感于其地在古代历史上所发生过的著名事件而写下的。在春秋时代，吴越两国争霸南方，成为世仇。越王勾践于公元前494年，被吴王夫差打败，回到国内，卧薪尝胆，誓报此仇。公元前473年，他果然把吴国灭了。本诗前两句写的就是这件事。第三句写出了越王勾践在消灭了敌人，雪了耻，凯旋之后，把卧薪尝胆的往事忘得干干净净，不但耀武扬威，而且荒淫逸乐起来。第四句写作者对人世变化、盛衰无常的慨叹。诗篇将昔时的繁盛和今日的凄凉，通过具体的景物，做了鲜明的对比，使读者感受特别深切。

① 越中：指越国都城会稽，治所在今浙江绍兴。

② 锦衣：华丽的衣裳。

③ 鹧鸪（zhè gū）：鸟名。羽毛大多黑白相杂，尤以背上和胸、腹等部的眼状白斑更为显著。

扫码收听朗诵音频

2. 蜀　相[①]

⊙〔唐〕杜甫

丞相祠堂何处寻？锦官城[②]外柏森森。
映阶碧草自春色[③]，隔叶黄鹂空好音。
三顾[④]频烦天下计，两朝[⑤]开济[⑥]老臣心。
出师未捷身先死，长使英雄泪满襟。

赏析

这是一首咏史诗。作者借游览武侯祠，称颂诸葛亮辅佐两朝，惋惜他出师未捷而身先死。诗的前两联写祠堂的景色。首联自问自答，写祠堂的所在。颔联写祠堂内的景物。杜甫极推重诸葛亮，他此来并非为了赏玩美景，“自”“空”二字含情，是说碧草映阶，不过自为春色，黄鹂隔叶，也不过空作好音，我并无心赏玩、倾听，因为自己景仰的人物已经不可得见。颈联写诸葛亮的雄才大略（“天下计”）、忠心报国（“老臣心”）。尾联从大处着眼，叹惜诸葛亮壮志未酬身先死的结局，引出千载英雄事业未竟者的共鸣。

① 蜀相：三国时蜀国丞相，指诸葛亮。

② 锦官城：现四川省成都市。

③ 春色：自呈春色。

④ 三顾：指刘备三顾茅庐。

⑤ 两朝：刘备、刘禅父子两朝。

⑥ 开济：指帮助刘备开国和辅佐刘禅继位。

扫码收听朗诵音频

3. 新嫁娘词三首（其一）

⊙〔唐〕王建

三日入厨下，[①] 洗手作羹汤[②]。
未谙[③]姑[④]食性，先遣小姑尝。

赏析

这是一首表现妇女巧思慧心的小诗，全诗通俗晓畅。嫁过来三天就下厨的新媳妇，不知公婆的口味如何，于是遣小姑先尝一尝。从中我们读出了新嫁娘的精细和聪明，她在为难的处境中找到了办法，应付了难局。诗人以明白如话的口语入诗，却又非常独到地表现了很平常的生活，颇耐人寻味。

---

① 三日入厨下：古代女子嫁到夫家第三天，依照习俗要下厨房做菜。

② 羹（gēng）汤：带汤的菜肴。

③ 谙（ān）：熟悉。

④ 姑：婆婆。

扫码收听朗诵音频

4. 西塞山怀古

⊙〔唐〕刘禹锡

王濬[①]楼船下益州，金陵王气黯然收。
千寻[②]铁锁沉江底，一片降幡[③]出石头[④]。
人世几回伤往事，山形依旧枕寒流。
从今四海为家日，故垒萧萧芦荻[⑤]秋。

赏析

西塞山，在今湖北大冶东（一说在今湖北黄石）长江边，山势竦峭，是六朝有名的军事要塞。长庆四年（824），刘禹锡由夔州刺史调任和州刺史，沿江东下，途经西塞山，即景抒怀，写下此诗。诗人讲述了建都金陵的几个朝代的兴亡，希望唤起人们的注意，吸取往日的教训，表现出诗人对国家的赤诚忠心。全诗借古喻今，沉郁感伤，但繁简得当，直点现实。

---

① 王濬（jùn）：西晋益州刺史。

② 寻：古代八尺为一寻。

③ 降幡（fān）：投降的旗子。

④ 石头：指石头城，故址在今江苏南京清凉山。

⑤ 荻（dí）：生长在水边的一种草本植物，与芦苇相似。

5. 闺　怨[①]

⊙〔唐〕王昌龄

闺中少妇不知愁，春日凝妆[②]上翠楼。
忽见陌头[③]杨柳色，悔教夫婿觅封侯[④]。

这首闺怨诗是王昌龄的名篇之一。全诗构思相当新巧，表现手法也不同一般：本写“闺怨”，却从“不知愁”写起，先扬后抑，起伏跌宕。本来要凝妆登楼，观赏春色，结果反而惹起一腔幽怨，这变化发生得如此迅速而突然，仿佛难以理解。诗的妙处正在这里：它生动地显示了少妇心理的迅速变化，却不说出变化的具体原因与具体过程，留下充分的想象余地让读者去仔细回味。短篇小说往往截取生活中的一个横断面，加以集中表现，使读者从这个横断面中窥见全豹。绝句在这一点上有些类似短篇小说。这首诗正是抓住闺中少妇心理发生微妙变化的刹那，做了集中的描写，使读者从突变联想到渐进，从一刹那窥见全过程。这就很耐人寻味。

---

① 闺怨：闺中的情怨。闺，此处指古代女子的居室。

② 凝妆：打扮。

③ 陌头：路边。

④ 觅封侯：指从军。唐人多欲在边疆立下军功，以取得封侯的奖赏。

6. 已亥岁[①]

⊙〔唐〕曹松

泽国[②]江山入战图，生民何计乐樵苏[③]。
凭君莫话封侯事，一将功成万骨枯。

① 此诗题作《已亥岁》，应为公元879年，黄巢起义军入广州，聚众至百万，旋即率军北伐，经广西、湖南、湖北北上，遇阻后转而东进的一年。诗题“已亥岁”点明了诗中所写的是活生生的社会政治现实。

② 泽国：泛指江南各地，因湖泽星罗棋布，故称。唐王朝由安史之乱后，战争连年不断，先在河北，后蔓延入中原。唐末又发生大规模农民起义，唐王朝进行穷凶极恶的镇压，大江以南也都成了战场，这就是所谓的“泽国江山入战图”。

③ 樵苏：打柴割草。打柴为“樵”，割草为“苏”。

古代战争以取首级之数计功，战争造成了残酷的杀戮以及人民的大量死亡。这是血淋淋的现实。诗的前两句虽然笔调轻描淡写，字里行间却有斑斑血泪。“樵苏”是十分艰辛的谋生手段，无乐趣可言。但在流离失所、挣扎于生死线上的“生民”心中，能靠打柴割草来平平安安度日，就已经是快乐了。只可惜这种樵苏之乐在战争年代亦不可得，这就自然逼出后两句沉痛的呼告。

后两句意谓：请你不要提什么封侯的事情了，难道不知道将军的战功是由千千万万的白骨堆积而成的吗？所谓“封侯”之事，是有现实针对性的：乾符六年（即“己亥岁”）镇海节度使高骈就以在淮南镇压黄巢起义军的“功绩”，受到封赏，无非“功在杀人多”而已，令人闻之发指，言之齿寒。

末一句更是一篇之警策：“一将功成万骨枯。”它词约而意丰。同时，一句之中运用了强烈的对比手法：“一”与“万”、“荣”与“枯”的对照，令人触目惊心。且“骨”字极形象骇目。这里的对比手法和“骨”字的运用，都很接近“朱门酒肉臭，路有冻死骨”的惊人之句。它们从不同的侧面揭示了封建社会的本质，具有很强的典型性。前三句只用意三分，词气委婉，而此句十分刻意，掷地有声，相形之下更觉字字千钧。

扫码收听朗诵音频

7. 宿骆氏亭寄怀崔雍崔衮[1]

⊙〔唐〕李商隐

竹坞[2]无尘水槛[3]清，相思迢递隔重城。
秋阴不散霜飞晚，留得枯荷听雨声。

赏析

这首诗虽然写了秋亭听雨的景色，而且写得清疏秀朗，历历如画，但它并不是一首写景诗，而是一首抒情诗。“宿骆氏亭”所见所闻是“寄怀”的凭借。首句写骆氏亭，“无尘”与“清”突出了环境的清幽雅洁。诗人置身其中，仿佛已经远离尘嚣了。第二句写诗人的思念之情，宛若随风飘荡的游丝，悠悠越过迢递的来路和重叠的城池，飘向友人所在的长安。“隔”字在这里不只是表明“身隔”，而且曲折地显示了“情通”。第三句写时令已是深秋，但连日天气阴霾，孕育着雨意，所以霜也下得晚了。尾句中的枯荷给人一种残败衰飒之感，本无可“留”的价值，但对于自己这样一个旅宿思友、长夜不寐的人，却因聆听枯荷秋雨的清韵而略慰相思，稍解寂寥，所以反而深幸枯荷之“留”了。

---

① 崔雍崔衮：诗人的表叔兼知遇者崔戎的两个儿子。本诗是诗人和二崔告别后旅途中寄怀之作。

② 竹坞（wù）：四面竹林环合之处。

③ 水槛（jiàn）：临水的有栏杆的亭轩，这里指骆氏亭。

8. 苏幕遮

⊙〔宋〕范仲淹

碧云[①]天，黄叶地，秋色连波，波上寒烟翠[②]。山映斜阳天接水，芳草无情，更在斜阳外。

黯乡魂[③]，追[④]旅思[⑤]，夜夜除非，好梦留人睡。明月楼高休独倚，酒入愁肠，化作相思泪。

---

① 碧云：天空呈现的瓦蓝颜色，即青云。

② 寒烟翠：空翠而略带寒意的烟雾。

③ 黯乡魂：因思念家乡而黯然神伤。用江淹《别赋》“黯然销魂”语。黯，形容心情忧郁。乡魂，即思乡的情思。

④ 追：追随，可引申为纠缠。

⑤ 旅思：羁（jī）旅之思。

赏析

此词抒写乡思旅愁，深挚感人。

上片“碧云天，黄叶地”二句，一高一低，一仰一俯，展现了际天极地的苍莽秋景，元代王实甫《西厢记》“长亭送别”一折中便借用了这两句。“秋色连波”二句，落笔于高天厚地之间的浓郁秋色和绵邈秋波：秋色与秋波相连于天边，而依偎着秋波的则是空翠而略带寒意的秋烟。这里，碧云，黄叶，绿波，翠烟，构成一幅色彩斑斓的画面。“山映斜阳”句复将青山摄入画面，并使天、地、山、水融为一体，交相辉映。同时，“斜阳”又点出所状者乃是薄暮时分的秋景。“芳草无情”二句，由眼中实景转为意中虚景，而离情别绪则隐寓其中。

下片“黯乡魂”二句，径直托出作者心头萦绕不去、纠缠不已的还乡之情和羁旅之思。“夜夜除非”二句是说，只有在美好梦境中才能暂时泯却乡愁，“除非”说明舍此别无可能。但天涯孤旅，“好梦”难得，乡愁也就暂时无计可消了。“明月楼高”句顺承上文：夜间为乡愁所扰而好梦难成，便想登楼远眺，以遣愁怀；但明月反使他倍感孤独与怅惘，于是发出“休独倚”之叹。最后两句，写作者试图借饮酒来消释胸中块垒，但这一遣愁的努力也归于失败：“酒入愁肠，化作相思泪。”

全词低回婉转，而又不失沉雄清刚之气，是真情流溢、大笔奋起之作。

感悟生命

“在一颗沙粒中见一个世界，在一朵鲜花中见一片天空”，也许只是一棵树、一片叶、一朵花……就能给我们带来慰藉，让我们发现生命的意义。作家不仅有善于发现美的眼睛，更有敏感细腻的心灵，在日常的生活中，他们能够从大自然常见的事物中体察生命的力量，并通过文字与我们分享他们的感悟与思考。

阅读本单元文章，可以运用比较的方法，分析不同作品在描写相同或相似事物时的异同，可以选择描写较为集中的段落，分析作者运用的表达技巧。同时，体会作者在描写景物特点时融入了怎样的情感，表达了怎样的感悟。

1. 好一朵木槿花

⊙宗 璞

又是一年秋来，洁白的玉簪花挟着凉意，先透出冰雪的消息。美人蕉也在这时开放了。红的黄的花，耸立在阔大的绿叶上，一点不在乎秋的肃杀。以前我有“美人蕉不美”的说法，现在很想收回。接下来该是紫薇和木槿。在我家这以草为主的小园中，它们是外来户。偶然得来的枝条，偶然插入土中，它们就偶然地生长起来。紫薇似娇气些，始终未见花。木槿则已两度花发了。

“好一朵木槿花”，“好”在哪里？作者为什么要这样赞叹？

作者先是用玉簪花、美人蕉做铺垫，又用紫薇的娇气衬托木槿生命力的旺盛。

木槿以前给我的印象是平庸。曾经有许多花木惨遭摧残，它却得全性命，陪伴着显赫一时的文冠果，免得那钦定植物太孤单。据说原因是它的花可食用，大概总比草根树皮好些吧。学生浴室边的路上，两行树挺立着，花开有紫、红、白等色，我从未仔细看过。

近两年木槿在这小园中两度花发，不同凡响。

注意文章中的时间顺序，除了“前年秋至”外，后文还有哪些表明时间的词句？

前年秋至，我家刚从死别的悲痛中缓过气来不久，又面临了少年人的生之困惑。我们不知道下一分钟会发生什么事，陷入极端惶恐中。我在坐立不安时，只好到草园踱步。那时园中荒草没膝，除我们的基本队伍亲爱的玉簪花外，只有两树忍冬，结了小红果子，玛瑙扣子似的，一簇簇挂着。我没有指望还能看见别的什么颜色。

忽然在绿草间，闪出一点紫色，亮亮的，轻轻的，在眼前转了几转。我忙拨开草丛走过去，见一朵紫色的花缀在不高的绿枝上。

这是木槿。木槿开花了，而且是紫色的。

作者认为木槿花以紫色最好，而且表示最愿见到的是紫色的花，为什么？

木槿花的三种颜色，以紫色最好。那红色极不正，好像颜料没有调好；白色的花，有老伙伴玉簪已经够了。最愿见到的是紫色的，好和早春的二月兰、初夏的藤萝相呼应，让紫色的幻想充满在小园中，让风吹走悲伤，让梦留着。

惊喜之余，我小心地除去它周围的杂草，做出一个浅坑，浇上水。水很快渗下去了。一阵风过，草面漾出绿色的波浪，薄如蝉翼的娇嫩的紫花在一片绿波中歪着头，带点调皮，却丝毫不知道自己显得很奇特。

去年，月圆过四五次后，几经洗劫的小园又一次遭受磨难。园旁小兴土木，盖一座大有用途的小楼。泥土、砖块、钢筋、木条全堆在园里，像是零乱地长出一座座小山，把植物全压在底下。我已习惯了这类景象，知道毁去了以后，总会有新的开始，尽管等的时间会很长。

没想到秋来时，一次走在这崎岖山路上，忽见土山一侧，透过砖块钢筋伸出几条绿枝，绿枝上，一朵紫色的花正在颤颤地开放！

我的心也震颤起来，一种悲壮的感觉攫住了我。土埋大半截了，还开花！

作者反复说“土埋大半截了，还开花”有什么用意？

土埋大半截了，还开花！

我跨过障碍，走近去看这朵从重压下挣扎出来的花。仍是娇嫩的薄如蝉翼的花瓣，略有皱褶，似乎在花蒂处有一根带子束住，却又舒展自得，它不觉环境的艰难，更不觉自己的奇特。

忽然觉得这是一朵童话中的花，拿着它，任何愿望都会实现，因为持有的，是面对一切苦难的勇气。

紫色的流光抛撒开来，笼罩了凌乱的工

作者运用拟人的修辞手法，写出了木槿花给“我”心灵带来的慰藉。请体会修辞的妙处。

地。那朵花冉冉升起，倚着明亮的紫霞，微笑地俯看着我。

今年果然又有一个开始。小园经过整治，不再以草为主，所以有了对美人蕉的新认识。那株木槿高了许多，枝繁叶茂，但是重阳已届，仍不见花。

我常在它身旁徘徊，期待着震撼了我的那朵花。

它不再来。

“去年的那一朵”为什么让作者如此留恋？

即使再有花开，也不是去年的那一朵了。也许需要纪念碑，纪念那逝去了的、昔日的悲壮？

（有删改）

学习提示

宗璞的散文往往在平静的叙述中蕴含着炽烈的情感，在炽烈的情感中蕴含着深刻的哲理。本文中，对于死别的悲痛、生的困惑，作者的情感十分克制，不加渲染；只着重叙述了木槿花不同凡响的两度花发，描写了它的娇嫩而调皮，赞美了它在艰难中舒展自得的精神。也正是这两次花发，让作者对生命有了不同的感悟，有了面对一切苦难的勇气。

文章采用托物言志的方法，借助对木槿花的描写来表达作者的感悟。阅读时圈点勾画出文中描写木槿花的语句，看看作者笔下的木槿花具有怎样的特点，同时注意作者对个人经历和感受的描述，尤其是文中抒情和议论的语句。

2. 牡丹的拒绝

⊙张抗抗

它被世人所期待、所仰慕、所赞誉，是由于它的美。

读文章题目，思考一下：文中的牡丹都拒绝了什么？

它美得秀韵多姿，美得雍容华贵，美得绚丽娇艳，美得惊世骇俗。它的美是早已被世人所确定、所公认了的。它的美不惧怕争议和挑战。

开篇写世人对牡丹“美”的赞叹，为后文探究牡丹的“拒绝”蓄势。

有多少人没有欣赏过牡丹呢？

却偏偏要坐上汽车火车飞机轮船，千里万里爬山涉水，天南海北不约而同，揣着焦渴与翘盼的心，滔滔黄河般地涌进洛阳城。

欧阳修曾有诗云：洛阳地脉花最宜，牡丹尤为天下奇。

传说中的牡丹，是被武则天一怒之下逐出京城，贬去洛阳的。却不料洛阳的水土最适合牡丹的生长。于是洛阳人种牡丹蔚然成风，渐

引用牡丹被贬的传说，与后文被贬的原因形成照应。

盛于唐，极盛于宋。每年阳历四月中旬春色融融的日子，街巷园林千株万株牡丹竞放，花团锦簇香云缭绕——好一座五彩缤纷的牡丹城。

所以看牡丹是一定要到洛阳去看的。没有看过洛阳的牡丹就不算看过牡丹。况且洛阳牡丹还有那么点来历，它因被贬而增值而名声大噪，是否因此勾起人的好奇也未可知。

这一年已是洛阳的第九届牡丹花会。这一年的春却来得迟迟。

连日浓云阴雨，四月的洛阳城冷风飕飕。

街上挤满了从很远很远的地方赶来的看花人。看花人踩着年年应准的花期。

明明是梧桐发叶，柳枝滴翠，桃花梨花姹紫嫣红，海棠更已落英缤纷——可洛阳人说春尚不曾到来；看花人说，牡丹城好安静。

作者使用第二人称“你”，这一人称的使用，如同作者在和读者对话，能够拉近彼此的距离；同时还带有作者对自我的观察和思考。

一个又冷又静的洛阳，让你觉得有什么地方不对劲。你悄悄闭上眼睛不忍寻觅。你深呼吸掩藏好了最后的侥幸，姗姗步入王城公园。你相信牡丹生性喜欢热闹，你知道牡丹不像幽兰习惯寂寞，你甚至怀着自私的企图，愿牡丹接受这提前的参拜和瞻仰。

然而，枝繁叶茂的满园绿色，却仅有零零

落落的几处浅红、几点粉白。一丛丛半人高的牡丹植株之上，昂然挺起千头万头硕大饱满的牡丹花苞，个个形同仙桃，却是朱唇紧闭，皓齿轻咬，薄薄的花瓣层层相裹，透出一副傲慢的冷色，绝无开花的意思。偌大的一个牡丹王国，竟然是一片黯淡萧瑟的灰绿……

一丝苍白的阳光伸出手竭力抚弄着它，它却木然呆立，无动于衷。

运用拟人的修辞手法，赋予阳光和牡丹以人的情态，形象生动地写出了天气的寒冷和牡丹拒绝开放的高贵姿态。

惊愕伴随着失望和疑虑——你不知道牡丹为什么要拒绝，拒绝本该属于它的荣誉和赞颂。

于是看花人说这个洛阳牡丹真是徒有虚名；于是洛阳人摇头说其实洛阳牡丹从未如今年这样失约，这个春实在太冷，寒流接着寒流怎么能怪牡丹？当年武则天皇帝令百花连夜速发以待她明朝游玩上苑，百花慑于皇威纷纷开放，唯独牡丹不从，宁可发配洛阳。如今怎么就能让牡丹轻易改了性子？

于是你面对绿色的牡丹园，只能竭尽你想象的空间。想象它在阳光与温暖中火热的激情；想象它在春晖里的辉煌与灿烂——牡丹开花时犹如解冻的大江，一夜间千朵万朵纵情怒放，排山倒海惊天动地。那般恣意那般宏伟，那般壮丽那般浩荡。它积蓄了整整一年的精气，都在这短短几天中轰轰烈烈地迸发出来。它不开则已，一开则倾其所有挥洒净尽，终要开得一个倾国倾城、国色天香。

作者运用排比等手法，从色彩、气味等角度展现了牡丹的美丽。

你也许在梦中曾亲吻过那些赤橙黄绿青蓝紫的花瓣，而此刻你须在想象中创造姚黄、魏紫、豆绿、墨撒金、白雪塔、铜雀春、锦帐芙蓉、烟绒紫、首案红、火炼金丹……想象花开时节洛阳城上空被牡丹映照的五彩祥云；想象微风夜露中颤动的牡丹花香；想象被花气濡染的树和房屋；想象洛阳城延续了一千多年的“花开花落二十日，满城人人皆若狂”之盛况。想象给予你失望的纪念，给予你来年的安慰与希望。牡丹为自己营造了神秘与完美——恰恰在没有牡丹的日子里，你探访了窥视了牡丹的个性。

“你”探访了窥视了牡丹怎样的个性？

其实你在很久以前并不喜欢牡丹。因为它总被人作为富贵膜拜。后来你目睹了一次牡丹的落花，你相信所有的人都会为之感动：一阵清风徐来，娇艳鲜嫩的盛期牡丹忽然整朵整朵地坠落，铺散一地绚丽的花瓣。那花瓣落地时依然鲜艳夺目，如同一只被奉上祭坛的大鸟脱落的羽毛，低吟着壮烈的悲歌离去。牡丹没有花谢花败之时，要么烁于枝头，要么归于泥土，它跨越委顿和衰老，由青春而死亡，由美丽而消遁。它虽美却不吝惜生命，即使告别也要留给人最后一次惊心动魄的体味。

所以在这阴冷的四月里，奇迹不会发生。任凭游人扫兴和诅咒，牡丹依然安之若素。它不苟且不俯就不妥协不媚俗，它遵循自己的花期自己的规律，它有权利为自己选择每年一度的盛大节日。它为什么不拒绝寒冷？！

天南海北的看花人，依然络绎不绝地涌入洛阳城。人们不会因牡丹的拒绝而拒绝它的美。如果它再被贬谪十次，也许它就会繁衍出十个洛阳牡丹城。

于是你在无言的遗憾中感悟到，富贵与高贵只是一字之差。同人一样，花儿也是有灵性、有品位之高低的。品位这东西为气为魂为筋骨为神韵，只可意会。你叹服牡丹卓尔不群之姿，方知“品位”是多么容易被世人忽略或漠视的美。

“富贵与高贵只是一字之差”，它们有什么差别呢？

学习提示

“牡丹，花之富贵者也。”自古以来，牡丹就象征着富贵，人们赞美它的雍容华贵，国色天香。洛阳第九届牡丹花会却让人乘兴而来，败兴而归——因为春寒，牡丹未开。但在敏锐的作者看来，遵循自己花期、自己规律的牡丹是有个性、有品位的，因为它拒绝了荣誉赞颂，拒绝了苟且媚俗，拒绝了萎顿衰老……正是作者独具的慧眼，发现了牡丹绚丽娇艳背后的高贵品格。

作者思接千载，视通万里，想到唐朝时牡丹的不惧皇威，想到盛开时牡丹的倾国倾城……你想到了什么？

1. 岳　桦

⊙任林举

第一次去长白山，是1995年的夏天。也是从那时起，才知道岳桦是一种树的名字。那是一种只在长白山上才有的树。

那时的长白山，还没有进行大规模的旅游开发，所以并没有什么所谓的“景点”，许多人去长白山，只有一个目的，就是去看天池。我们大概也是那个样子，所以一爬上汽车，人们的心和飞旋的汽车轮就达成高度的默契，一路盘旋而上，直奔峰顶。尽管一路上的好花、好树、好景色层出不穷，但似乎都与我们无关。过后，当我重新翻阅那天的记忆时，除太阳未出时的美人松剪影和最后的那泓天池水还算清晰，中间大部分片段都是些红绿交错、模模糊糊的虚影，如一张张焦距没有对准的照片。

只有那些岳桦树对于我来说，却是一个意外，也是一个惊奇。

接近山顶时，我无意中将疲惫的目光从嘈杂的人群转向车外，突然，我感觉到，有什么我不知道的事情正在发生或已经发生。那些树，纷纷地沿着山体将身躯匍匐下去，并在斜上方把树梢吃力地翘起。在透明的、微微颤抖的空气里，我仿佛看到一种神秘的力量或意志，正加到这些树的躯干之上，使这些倔强的生命在挣扎中发出了粗重的喘息和尖厉的叫喊。

这些树的名字，就叫作岳桦。

本来，树与树并立于一处时应该叫作林或森林，但许许多多的岳桦树并存一处时，我们却无法以“林”这个字来定义这个集体。因为它们并不是站立，而是匍匐，像一些藏在掩体下准备冲锋或被火力压制于某一高地之下的士兵那样，集体卧伏于长白山靠近天池的北坡。如果非给它们一个词不可的话，或许叫作“阵”或“阵营”更合适一些。那么，构成这个巨大阵营的，到底是怎样的一支队伍？它们到底肩负着怎样的使命？

我不知道白桦和岳桦在血缘上有什么联系，不知道它们到底是不是同一种植物，但我坚信，它们彼此是迥然不同的，就算当初它们的生命基因都来自同一棵白桦树上的同一颗种子。

白桦树生在山下，与溪水、红枫相伴，过着养尊处优、风流浪漫的日子，风来起舞，雨来婆娑，春天一顶翠绿的冠，秋日满头金色的发，享尽人间的艳羡，占尽色彩的风流，如幸运的富家子弟，如万人追捧的明星。而岳桦却命里注定难逃绝境，放眼身前身后的路，回首一生的境遇，却是道不尽的苍茫、苍凉与沧桑。

有人断言：“性格决定命运。”暂不说这句话用于人是否准确，但用到树上，肯定是不准确的，实在讲，应该是命运决定了性格。岳桦，之所以看起来倔强而壮烈，正是由于它们所处的环境的残酷。

想当初，所有的桦都是长白森林里白衣白马的少年，峰顶谷底任由驰骋。后来，那场声势浩大的火山喷发，将所有的树逼下峰顶，就在向下奔逃的过程中，命运伸出了它无形的脚，一部分桦便应声跌倒。一个跟头跌下去，就掉入了时间的陷阱，再爬起来，一切都不似从前。前边已经是郁郁葱葱的一片，每一种树都沿着山坡占据了自己的有利地形，没有了空间，没有了去路；而后面，却是火山爆发后留下的遍地疮痍与废墟，以及高海拔的寒冷，但那里却有着绝地求生的巨大空间，尽管那里有风，有雪，有雷电，有滚烫的岩石和冰冷的水，最后，它们还是选择了调头向上。

一旦选择了返身向上，桦就变成了岳桦。而今，不管我们把怎样的情感与心愿给予岳桦，岳桦也不可能变成那些明快而轻松的白桦了，如同山下的白桦永远也不能够站到它们这个高度一样，它们再也不可能回到最初的平凡与平淡。因为从白桦到岳桦，作为一种树已经完成了对树本身或者对森林的超越，它们的生命已经发生了某种质变。而今，与山中的那些树相比，它们看起来却更像一场风；与那些各种形态的物质存在相比，岳桦更像一种抽象的精神。

（有删节）

2. 雪野里的精灵

⊙李存葆

东坡居士面对邈远天昊，苍茫坤舆，曾发出这样的浩叹：“寄蜉蝣于天地，渺沧海之一粟。”我真正体味出这两句话的奥义，是在多次晋谒了一棵巨树之后。

沂蒙山中的莒县，春秋时称莒国。比莒国历史更古老、更久远的是莒城西郊定林寺中的那棵银杏树。古银杏高约25米，周粗近16米，至今仍苍劲葱郁，岁结果千余斤。古树主枝周逸旁出，状若硕大无朋的莲花，繁荫盖地一亩余。

20年前的一个夏日，我第一次站在这棵被称为“活化石”的巨树下时，顿被一种强大的生命光波所震慑，所征服，所溶解。古银杏那腾游时空的气魄，吐纳古今的恢宏，剪裁春秋的博大，抽黄谢绿的顽强，都使我感到自己的渺小和卑微。

后来，我又多次拜谒这棵古树，每每都会对苏子瞻的两句话产生新的感悟。苏赋的前句言蜉蝣朝生夕死，喻生命之暂短；后句指的是生命所占空间之渺小，乃沧海一粟耳。人类虽然可以嘲笑

“朝菌不知晦朔，蟪蛄不知春秋”，但站在这棵树龄高达近四千载的古树前，仰望着无涯无际的“宇”——空间，思索着无始无终的“宙”——时间，我们便会感到：在宇宙间，地球仅是一粒微尘，人生更如同蜉蝣、朝菌、蟪蛄一般，只不过俄尔一瞬，稍纵即逝。

博大与渺小，久远与暂短，都是相对而言。定林寺里的古银杏无疑是一支巍峨峥嵘的生命进行曲。后来，我在雪野中两次偶然所见，则又领略到了弱小生命吟出的生的礼赞。

那是20世纪70年代末的一个暮冬，我到崂山顶峰的驻军观察哨采访时，喜逢一场瑞雪骤从天降。这天早饭后，雪停天霁，哨长神秘地告诉我：崂山仙境胜地虽多，但有一处向不为游人所知。它在哨所之下、上清宫之上的山谷里，战士们称它为“鲜花美女地”，要睹其芳容，须在大雪之后。我心中暗暗思忖：莫非山谷中有梅花开了，要去踏雪寻梅？没容分说，哨长拉起我就走。

大雪后的崂山，峰若玉雕，石似晶铸，粉塑千松，银裹万树，简直变成了一座童话般的银色天堂。

从哨所直线下山，无路可行。我与哨长扶石踏雪，拽枝腾挪，当来到一向阳处的山坳里时，我俩俨然成了雪人。

此处有平畴半亩许，东西两边山崖上，古松奇槐相间，北面是一片竹林，竹丛旁有暗泉流动，像木琴一样敲打出叮咚叮咚的乐音。沉甸甸的积雪，缀满竹的枯枝黄叶，把亭亭玉立的竹竿压弯。整片竹丛竟像一群周身缟素的云鹤，交颈而眠。这时，我猛然发现，向阳的竹林边，竟有柔草如茵，毛茸茸，青翠翠，密匝匝，在这银色的世界里，织出了一小片绿毯。

哨长在这绿毯边沿旁的一巨石前面，正小心翼翼地用双手扒着雪层，并唤我过去观看。当我走至巨石下面，呈现在面前的竟是一片美妍的小花。我也快速而细心地用双手扒着雪层，但见小花一株株，一簇簇，攒攒挤挤，比肩争头。这些小花仅比米粒儿稍大，白的、紫的、蓝的、红的、黄的，五颜六色，星星点点。看到如此众多的小生命，坚忍不拔而又蓬蓬勃勃地活在这雪地里，我的眼睛被染得灿烂起来。我惊异地看着这些小生命，它们也仿佛睁着深情的眼睛凝望着我……

这些米粒般大小的生命，像是在告喻我：希冀、渴望、追恋、向往，是一切生命的本质。即使天冷了地冷了宇宙的一切都冷了，它们也会顽强地举起美的萌芽，决不肯把生命的篷帆轻易降落。

这些美的萌芽，是春的启明星，它们正在呼唤着春蕊的艳丽，春树的繁茂，春蚕的吐丝……

寻找着，寻找着，雪层下面到处都有小花。我无意中发现，有几只小蜜蜂竟在一簇小花前默默陨灭，抑或是突来的春雪使它们猝不及防，竟过早地终结了它们勤劳的生命。它们与严寒抗争而殉身，是最早拥抱春天的使者。

崂山大雪后的美的奇遇，常常萦回脑际，使我难以忘怀。

前年元宵节前夕，我应长白山林场友人之邀，曾到雪国一游。此时的南国，已是惠风和畅，蝶舞蜂喧。山茶花早已开得红如胭脂，若霞似锦；木棉花也早已在枝头上火焰般燃烧，开得轰轰烈烈……而这北国边陲，却仍冰封雪锁，寒风砭骨。久居京华、在钢筋水泥筑成的方块中生存的我，一投进原始大森林宽厚的怀抱，面对眼前的一片大洁白，呼一口空气，都感到分外惬意和清新。

北疆早春的大森林，虽然萧索且寂寞，但它赠我以深邃和幽远；雪国的大洁白虽然凝滞而单调，但它却深埋了一切龌龊，使我侈离了远方的喧哗与骚动，雪国的大洁白以诗意般的沉默赐我以诗意般的思索。

一日下午，我和友人在莽莽的安睡着的一片杉林里漫游。蓦地，有几点蓝色的彩光在雪地里闪动，一下跃入我的眼帘，燃亮了我的双瞳。我趋前蹲下细瞧，竟是几朵蓝色的小花。

这蓝色的小生命，由纤纤的细茎挑着，那吹弹得破的花萼，显得那样稚嫩和孱弱。此时，我的惊讶之状，绝不亚于在崂山中那次“鲜花美女地”里的寻找。

几朵蓝色的小花，使我的心灵受到巨大的震撼。这雪国中的蓝色小生命，纤细里充溢着坚韧，孱弱里蕴藏着刚强，微小里含纳着博大；这小小生命里，也浸透着星的璀璨，月的妩媚，日的明丽。它们以小小的蓝色火焰与巨大的寒流搏击，它们以火热的心律终于鼓破了厚厚的冰窖，它们是这漫漫雪国里生命的精灵！

友人告诉我，这蓝色的小花名叫“白头翁”。

定林寺中的银杏树，崂山雪地里的小花小草，还有这雪国中的“白头翁”，都是造物主无与伦比的杰作，都是生命的奇观……

人们惯常喜爱吟诵刺破青天的大树，喜爱聆听它们博大生命的浩歌；人们也惯常喜爱咏唱那报春的蜡梅，好像只有它才是唯一的傲雪斗霜的花魁。但浩歌是一种境界，寂寞也是一种境界。浩歌是夏的宣言与旗帜，寂寞则是春的预报和序曲。

天无私覆，地无私载。对憧憬着春天却不能轰轰烈烈、大红大紫的众多的小花小草，谁也没有权利去有意或无意地践踏它们……

司母戊鼎

司母戊鼎（有学者认为应称为“后母戊鼎”）是商代青铜器的代表作，它是现存最大的商代青铜器。司母戊鼎高1.33米，重875千克。鼎腹内有铭文“司母戊”（或释“后母戊”）三字。鼎的整个造型给人以威武的感觉。

从司母戊鼎的铭文中可以推断，这件器物是商王为祭祀他的母亲铸造的。司母戊鼎充分显示了商代青铜器的冶铸水平。从铸造痕迹上看，司母戊鼎是用20块陶范铸成，这不仅反映出当时青铜冶铸工场的规模宏大，也反映了当时组织生产和管理生产的高超水平。

3. 落叶的生命

⊙肖复兴

想找树叶做手工，已是入冬。几场冷风冷雨，树上的叶子凋零无几，大多落在地上。不过，由于雨水频繁，落在地上的叶子湿润，还散发着树枝的气息，呼应着残存在枝头上的叶子，做最后的告别，虽有几分凄婉，却也十分动人。

放学的时候，在路口等候校车，看见小孙子从车上跳下来，见到我的第一句话就是："咱们找树叶去吧！"便先不回家，沿着落叶缤纷的小路找树叶。这时候，才会发现，秋末时分枝头上的树叶，或金黄，或红火一片，在秋风的吹拂下，是那样的灿烂炫目；落在地上的叶子却有别样的形状、色彩和风情。

形状不一样了。由于距离的变化，拿在手中，近在眼前，才发现同样都是枫树，有三角枫、五角枫和七角枫的区别。而且，不同的枫叶，像伸出不同的触角，活了一般，让那红色的叶脉弯弯曲曲像是真的有血液在流动。不同流向的叶脉，让叶子的触角有了不同的弧度，那弧度像是舞蹈演员柔软而变幻无穷的手臂，富有韵律，让人们充满想象，便也成为做手工最佳的选择。我和小孙子用这样红色和黄色的枫叶做成的金孔雀和红孔雀，让我们自己都惊讶，那一片片枫叶怎么那么像孔雀开屏时漂亮的羽毛呢？好像它们就是特意落在地上，等着我们弯腰拾起，去做孔雀那五彩洒金的尾巴呢。

还有那槭树和石楠的叶子，粗看起来，大同小异，细看大有玄机。石楠叶小，槭树叶大，小的小巧玲珑，像童话里的小姑娘，大的像大姐姐一样温柔敦厚。石楠叶薄，薄得几乎透明，红红的颜色像是过滤了一样，淡淡的胭脂似的，可以随风起舞蹁跹。槭树叶厚，且有光亮的釉色，像穿着盔甲的武士，似乎能够听到风声、雨声；又像天鹅绒的幕布，拉开来，舞台上就可以上演有趣的戏剧。槭树叶和石楠叶最好找，几乎遍地都是，我们常常会如进山寻宝的人，总有些贪婪，弯腰拾起了这片，又抬头看见了那片，捧在手里一大捧，反复权衡，恋恋不舍，好像它们都是身边的至爱亲朋。我们用不同的槭树叶做成了不同形状的鱼，用不同的石楠叶做成了莲花，五片石楠叶错落在一起，就是一朵盛开的莲花；大小两片石楠叶合在一起，就是一朵含苞待放的娇羞的莲花；再找两片小小的黄栌，要找那种还能顽强保持着绿色的叶子，放在莲花下面，就是“莲叶田田”了。

当然，色彩也不一样了呢。别看落叶没有了在枝头连成一片的金黄和火红耀眼的阵势，但落叶不是落花顷刻辗转成泥，溃不成军。落叶区别于树上叶子的重要之处，在于树上的叶子连成一片的金黄和火红，让所有的叶子变成了一种颜色，淹没在相同的色彩之中，如同凡·高向日葵的金黄色。落叶散落在草丛中、灌木间或泥土里，却是色彩不尽相同，彰显每一片叶子舒展的个性，甚至色彩渗进叶脉，都让人们看得须眉毕现，触目惊心，也赏心悦目。

同样是杜梨树上落下的叶子，经霜和雨水反复打湿后，每一片叶子上的红色已经相同，那种沁入红色深处的黑色光晕，浸淫红色四周的褐色斑点，像磨出的铁锈，溅上的离人泪，似乎让每一片落叶都有了专属于自己的前世故事似的，更让每一片落叶都成为一幅绝妙而无法复制的图画。由于杜梨叶比较厚实，叶子上面有一层釉色，显得很是油亮，每一片落叶都像是一幅精致的油画小品。

那些随心所欲而富有才华的大色块渲染，毕加索未见得能够胜上一筹；那些飞溅而落的斑斑点点，西尔斯拿手的点彩，也未见得能够如此五彩缤纷。

杜梨叶，是人们最喜欢的，大家常常在地上仔细寻找，不放过任何一片闯入眼帘的叶子，常常会有美丽的邂逅，便常常会听见小孙子的大呼小叫："爷爷，快看，这里有一片好看的树叶！"

找到的最好看最别致的一片杜梨叶，竟然是黑色的。那种黑，不是被污染的乌黑，也不是姑娘劣质眉笔的那种漆黑，而是油亮油亮的黑，叶子的边缘有一层浅浅的灰色，像黑色的火焰燃尽之后吐出一抹余韵；像淡出画面之外、空镜头里的远天远水，让叶子的黑色充满想象的韵味。

这片黑色的杜梨叶，一直没有舍得用。也不是真的舍不得，是不知道用在哪里恰到好处。我们用别的杜梨叶做的热带鱼或大公鸡，都让不同色彩的杜梨叶尽显各自的英雄本色，让那种不同的红色交织成一曲红色的交响。只是这片黑杜梨叶，一直夹在书本里。曾经想用它做成一只海龟，它黑亮黑亮的釉色和粗粗的叶脉，还真有几分海龟的意思。也曾经想把它一剪两半，做成两条木船，在上面用银杏叶和红枫叶做成它们各自的风帆。但是，都觉得不是最佳选择。它暂时还沉睡在我们的书本里，它的生命跃动，在我们的想象中，也在它自己的梦中。

真的，别以为落叶就是死掉的树叶，落叶离开树枝，不过是生命另一种形式的转移。龚自珍曾在诗中写道："落红不是无情物，化作春泥更护花。"落叶更是如此，更具有化为泥土中腐殖质的营养作用，来年新一轮春花的盛开，是落叶生命的一种呈现。如今，落叶生命的另一种呈现，在我和小孙子的手工中，它们存活在我们的册页里和记忆当中。

4. 石崖上的枣树

⊙刘成章

那是陕北的一座高峻石崖，陡峭得不能再陡峭了，齐上齐下，刀削的一般，笔直地立在那儿；崖上又极少有土，极少有草，却不知在何年何月，就在那半崖上，在一条看不大清楚的石缝间，突兀地生了一棵枣树。照说，枣树生长在那儿，哪来的什么养料和水分，只要能勉强挤出几片叶子，现出一点儿绿色，就算很不错了；可它偏偏悖乎常理，长得健壮而蓬勃。每到了八九月间，红的绿的半红半绿的枣儿缀满那枣树的枝叶间，把整个树冠都压得垂吊着，像一片彩色瀑布。

年年金秋到，这一树枣子总是红得诱人，装饰着好大一片天空。挑筐的走过，扛锄的走过，都只能仰着脖子，望枣兴叹；城里人颠簸着汽车前来旅游，猛地看见了，也顿时兴奋起来，跃下车，结果呢，也只能仰着脖子，望枣兴叹。他们口腔里分泌着唾液，每一条神经都被挑逗得打着颤颤，却都无可奈何。

石崖下有个石雕加工工地，工地上汇集了来自好几个县的能工巧匠，有老汉也有年轻后生。他们雕成的和正雕着的石狮子，一个个生动可爱，摆得到处都是。这些民间艺术家们，如处近水楼台，当然更想摘那树好枣子。据说，他们中间的一个小后生，膂力过人，他曾运足了气，把一块石子儿硬是扔到枣树上，不过也仅仅打下两三颗枣子而已。“这枣真成了王母娘娘的蟠桃了！”他瞅着那枣树咒骂。而那枣树，望着气急败坏的小伙子，好像故意气他似的，摇了三摇。

一棵枣树，爽了那么多人的眼，打动了那么多人的心，又扫了那么多人的兴，使有的人在离开的路上还要对它念念想想，思思谋谋，人们无从弄清它的背景，更无从弄清它是轻佻还是贵气。

那年亲眼看见这棵枣树的时候，我也忍不住停下脚步，仰起了脖子。由于仰角太大，我的帽子都顺着肩膀滑落了。与我同行的朋友说：“光瞅有什么用！要是真想尝尝，咱们哪天有了空儿，从山后爬到那崖上去。”后来我们真的去了。绕来绕去地足足走了有七八里山路，走得人大汗淋漓，衬衣全湿透了，才算近距离地看见了枣树。也许由于特别兴奋，也许是枣子的映照，我俩的脸都红得像一片霞了。那枣树真让我们很想欢呼几声。崖上风很大，阳光也很充足，风和阳光一年年地透过了它粗糙的树皮和枝叶，为它储满了诱人的生命力，因而果实又大又艳，宝石一般。虽然那树上的每颗枣子我们都看得清清楚楚，甚至能看见爬在枣子上的几只大蚂蚁，但是那儿的地势太险峻了，我们依然无法再向它挪近一步，令人惋惜，只得一步一回头地悻悻离开。

好多年之后，当我不由得又想起那棵枣树的时候，终于不再悻悻了，那是因为我重读了《诗经·蒹葭》：

蒹葭苍苍，白露为霜。所谓伊人，在水一方。溯洄从之，道阻且长。溯游从之，宛在水中央。

我又想起了一首陕北现代民歌：

羊肚子手巾哟三道道蓝，咱们见面面容易拉话话难。一个在山上哟一个在沟，拉不上话话哟咱招一招手。瞭见了个村村哟瞭不见个人，泪蛋蛋抛在沙蒿蒿林。

这些不朽民歌所创造的情境，和那棵枣树所引发的情境不是一样的吗？

想到这一层，我忽然感到我的生命战栗起来，抖落了些许的俗气。你看，那棵枣树是那么美好，那么诱人，却总是难以触到，总是让人企慕；它总是撩逗着你，召唤着你，却又总是远离着你；它是美人，美人如花隔云端。它结的是一树实实在在的枣，但它给人们带来的却是诗的境界、浪漫的情怀、美学的情景。它让我想起钱锺书先生所命名的“企慕情境”，令人久久回味。

5. 牛蒡花

⊙〔俄国〕列夫·托尔斯泰

我穿过田野回家，正是仲夏时节。草地已经割完了，黑麦刚要动手收割。

这正是万紫千红、百花斗妍的季节：红的、白的、粉红的芬芳而且毛茸茸的三叶草花；傲慢的延命菊花；乳白的、花蕊黄澄澄的、浓郁袭人的“爱不爱”花；甜蜜蜜的黄色的山芥花；亭亭玉立的、郁金香形状的、淡紫的和白色的吊钟花；匍匐缠绕的豌豆花；黄的、红的、粉红的、淡紫的玲珑的山萝卜花；微微有点红晕的茸毛和微微有些愉快香味的车前草花；在青春时代向着太阳发着青辉的，傍晚即进入暮年，变得又蓝又红的矢车菊花；以及那娇嫩的、有点杏仁味的、立即就衰萎的菟丝子花。

我采了一大束各种的花朵走回家去。这时，我看见沟里有一朵异样深红的、盛开的牛蒡花，我们那里管它叫“鞑靼花”。割草人竭力避免割它，如果偶尔割掉一株，割草人怕它刺手，总是把它从草堆里扔出去。我忽然想要折下这枝牛蒡花把它放在花束当中。我走下沟去，把一只钻到花蕊中间、在那里正睡得甜蜜蜜懒洋洋的山马蜂赶走，就开始折花了。然而这却是非常困难的：且不说花梗四面八方地刺人，甚至刺透了我用来裹手的手巾——它并且是这样惊人的坚韧，我得一丝丝地把纤维劈开，差不多同它搏斗了五分钟的光景。末了，我把那朵花折了下来。这时花梗已经破碎不堪，并且花朵已经不那么鲜艳了。此外，由于它的粗犷和不驯，同花束中娇嫩的花朵也不协调。我惋惜我白糟蹋了一枝花，它本来在自己的位置上是好好的，于是把它扔掉了。“然而生命是多么富于精力和力量啊。”我回忆折花时所费的气力，想道，“它是如何努力地防卫着，并且高价地牺牲了自己的生命啊。”

回家的道路，是在休耕的、刚刚犁过的黑土的田地中间穿过的。我沿着满是尘土的黑土路爬坡走着。犁过的田地是地主的，非常广大，道路两旁和前面斜坡上，除了黑色的、犁得均匀的、还没有耙过的休耕地之外，什么都看不到。犁得很好，整个田地里连一棵小植物、一棵小草都看不见，全是黑色的。“人是一种多么善于破坏的残酷的动物啊，为了维护自己的生命，他毁灭了多少种动物、植物。”我一面想，一面不由得在这片净光的黑土地里找寻活的东西。在我前面道路的右边，发现一棵灌木。当我走近了的时候，我认出这棵灌木仍然是“鞑靼花”，跟我徒然把它的花折来并且扔掉的一个样。

这棵“鞑靼花”有三个枝杈。其中一枝已经断掉了，残枝像砍断的胳膊突出着。另外两枝都有一朵花。这两朵花原是红的，现在却变黑了。一枝是断的，断枝头上有一朵沾了泥的花耷拉着；另一枝也涂抹了黑泥，但仍然向上挺着。看样子，整棵灌木曾被车轧过，过后才抬起头来，因此它歪着身子，但总算站起来了。

“好大的精力！”我想道，“人战胜了一切，毁灭了成百万的草芥，而这一棵却依然不屈服。”

于是我想起了一个年代久远的高加索的故事，它的一部分是我看见的，一部分是从目击者那里听来的，一部分是我想象的，这个故事在我的回忆和想象中是怎样形成的，就怎样写出来吧。

（刘辽逸/译）

永乐大钟

永乐大钟是我国已发现的最大的青铜钟。明永乐年间，明成祖朱棣迁都北京后，下令铸造大钟。永乐大钟用铜、锡、铅合金铸成。

永乐大钟通高6.75米，肩外径2.4米，口沿外径3.3米。钟壁厚度不等，最薄处在钟腰部，厚94毫米，最厚处在钟唇部，厚185毫米。大钟重约46吨。钟体内外遍铸端正清晰的经文，共22.7万字，字体工整、遒劲，相传为明代书法家沈度的手笔。

永乐大钟构造合理，工艺精湛，造型精美，形体宏伟，其体量之巨、铸造之精、铭文之多，都堪称世界佛钟的典范。

6. 一片树叶

⊙〔日本〕东山魁夷

当我把京都作为主要题材来创作我的组画的时候，想起了圆山闻名的夜樱。我多想观赏一下那缀满枝头的繁盛的花朵，同那春宵的满月交相辉映的情景啊！

那是四月十日前后吧，我弄清楚当夜确实是阴历十五之后，就向京都进发。白天，到圆山公园一看，却也幸运，樱花开得正旺，春天的太阳似乎同月夜良宵相约似的，朗朗地照着。时至向晚，我已经参观了寂光院和三千院，看看时间已到，就折向京都城里。

来到下鸭这地方，蓦然从车窗向外一望，东面天上不正飘浮着一轮又圆又大的月亮吗？我吃了一惊。本来我是想站在圆山的樱树林前，观赏那刚刚从东山露出笑脸的圆月。它一旦升上高空，就会失掉特有的风韵。我后悔不该在大原消磨那么多时光。

我急匆匆赶到圆山公园，稍稍松了口气。所幸，这儿靠近山峦，一时还望不见月亮的姿影。东山浸在碧青色的暮霭里，山前面一株枝条垂挂的樱树，披着绯红色华美的春装，仿佛将京都的春色完全凝聚于一身似的。地面上，不见一朵落花。

山头一片净明，月亮微微探出头来，静静地升上绛紫色的天空。这时，樱花仰望着月亮，月亮俯视着樱花。刹那之间，消尽了游春的灯火和杂沓的人影。四周阒无人声，只给月和花留下了清丽的好天地。

这也许就是常说的奇缘巧遇吧，花期短暂，难得碰上朗照的满月；再说，月华的胜景，也只限于今宵，要是碰上阴雨天气，就什么也看不到。此外，还必须有我这个欣赏者在场才成。

这只不过是一个例子，不管在什么场合，应当意识到风景的惠顾只能有一次。因为自然是活生生的，它在不断地变化。而且，眼望着风景的我们自身，也在天天变化着。不断流转的命运在描画着生成和衰灭的圆环。从这一点看，自然和我们都联结在一条根上。

如果花儿常开不败，我们能永远活在地球上，那么花月相逢便不会引人如此动情。花开花落，方显出生命的灿烂光华；爱花赏花，更说明人对花木的无限珍惜。地球上瞬息即逝的事物，一旦有缘相遇，定会在人们的心里激起无限的喜悦。这不只限于樱花，即使路旁一棵无名小草，不是同样如此吗？

自然景物令人赏心悦目，这个体验是我在战争中获得的。那时想到自己的生命之火就要熄灭了，处在这样的境况里，才发觉自然景物却充满了旺盛的活力。于是，我受到了强烈的震动。过去在我的眼里，这些景物都是平淡无奇、不堪一顾的呢。

战争结束以后，在贫困的年代里，我也陷入苦难的深渊。冬天，我伫立在凄清寂寞的山峦上，大自然和我紧密相连，这才使我的心境感到充实而满足，我心中产生了对生活的切实而纯真的向往。

作为风景画家，我就是从这样的基点出发的。其后绘制的《路》，画面中央有一条路通过，两侧只有绿草，构图十分单纯，这风景随处都能找到。但是，这幅作品却表现了我的满心的情思，它所象征的世界，似乎是和许多人的心相通的。人们看到这幅画，都会想到自己走过的道路而感叹不已。

国立公园和名胜地的风景，各自具有优美的景观和意义。即使在最平凡的风景之中，人们也应当找到与自己的心灵息息相关的地方。

我是个喜欢旅行的人。我在超越北极圈的遥远的拉普兰，午夜里看到过不落的太阳。那是多么神秘的光景。那是完全脱离人间的荒寥的风景。它强烈撼动着我的心。然而，我在北欧之旅中作为白夜的景色所描绘的是瑞典波的尼亚湾港湾的海滨，以及芬兰湖泊地带一望无垠的针叶林和湖泊的风景，那里都是人们可以居住的地带。

我所喜欢描绘的不是人迹罕至的景致，而是富有生活情趣的自然风物。然而，在我所描绘的风景里，可以说，几乎没有人物出现。其中一个理由是，我所描绘的风景是人们心灵的象征。我是通过自然景物本身抒写人们的内心世界的。

只有一次，在我的风景里难得地出现了点缀。那是一套组画，风景中出现的不是人，而是一匹白马。虽然远远看起来很微小，但白马却是画面的主题。整个风景都起着背景的作用，反映着白马所象征的世界。

我喜欢古拙、小巧的城镇。在那里，连房屋的墙壁上都浸染着几代人的体温。我感到山城镇里人们的生活，保持着人们特有的悠然情调。我看到德国的古都，每个窗边都开着美丽的花朵，那是向过路人亲切问候的语言。从屋内看上去，花朵全向外头开放，得不到从马路上看过来的美感。而且，窗户的造型也显得十分精巧有趣。

我常常揣摩画面的内容，创作散文，这是我接触了清新的自然和素朴的形象之后引起的感动所致。在战后时代的激流勇进中，我有很多时候，是走着同时代相游离的道路的。现在看来，这条路算是对了。而且，我决心继续走下去。

为什么呢？因为我感到，现代文明的急速发展，破坏了自然和人类、人和人之间的平衡，地上仅有的生物失去生存的意义和自尊的危险性越来越大。不用说，世界有必要恢复平衡的感觉。应当珍视清澄的自然和素朴的人类，要形成一股制止人类着了魔一般的贸然的行为。人应当更谦虚地看待自然和风景。为此，固然有必要出门旅行，同大自然直接接触，或深入异乡，领略一下当地人们的生活情趣。然而，就是我们住地周围，哪怕是庭院的一木一叶，只要用心观察，有时也能深刻地领略到生命的含义。

我注视着院子里的树木，更准确地说，是在凝望枝头上的一片树叶。而今，它泛着美丽的绿色，在夏日的阳光里闪耀着光辉。我想起当它还是幼芽的时候，我所看到的情景。那是去年初冬，就在这片新叶尚未吐露的地方，吊着一片干枯的黄叶，不久就脱离了枝条飘落到地上。就在原来的枝丫上，你这幼小的坚强的嫩芽，生机勃勃地诞生了。

任凭寒风猛吹，任凭大雪纷纷，你默默等待着春天，慢慢地在体内积攒着力量。一日清晨，微雨乍晴，我看到树枝上缀满粒粒珍珠，这是一枚枚新生的幼芽凝聚着雨水闪闪发光。于是我感到百草都在催芽，春天已经临近了。

春天终于来了，万木高高兴兴地吐翠了。然而，散落在地面上的陈叶，早已腐烂化作泥土了。

你迅速长成一片嫩叶，在初夏的太阳下浮绿泛金。对于柔弱的绿叶来说，初夏，既是生机旺盛的季节，也是最易遭受害虫侵蚀的季节。幸好，你平安地迎来了暑天，而今正同伙伴们织成浓密的青荫，遮蔽着枝头。

我预测着你的未来。到了仲夏，鸣蝉将在你的浓荫下长啸，等一场台风袭过，那哕哕蝉鸣变成了凄切的哀吟，天气也随之凉爽起来。蝉声一断，代之而来的是树根深处秋虫的合唱，这唧唧虫声，确也能为静寂的秋夜增添不少雅趣。

你的绿意，不知不觉黯然失色了，终于变成了一片黄叶，在冷雨里垂挂着。夜来秋风敲窗，第二天早晨起来，树枝上已经消失了你的踪影。只是看到你所在的那个枝丫上又冒出了一个嫩芽。等到这个幼芽绽放绿意的时候，你早已零落地下，埋在泥土之中了。

这就是自然，不光是一片树叶，生活在世界上的万物，都有一个相同的归宿。一叶坠地，绝不是毫无意义的。正是这片片黄叶，换来了整个大树的盎然生机。这一片树叶的诞生和消亡，正标志着生命在四季里的不停转化。

同样，一个人的死关系着整个人类的生。死，固然是人人所不欢迎的。但是，只要你珍爱自己的生命，同时也珍爱他人的生命，那么，当你生命渐尽，行将回归大地的时候，你应当感到庆幸。这就是我观察庭院里的一片树叶所得的启示。不，这是那片树叶向我娓娓讲述的生死轮回的要谛。

（陈德文/译）

铜镜的起源

镜子是日常生活中的必需品。我们现在使用的玻璃镜子是从西方传入的，在玻璃镜子未传入以前，我国古代人民使用的则是铜镜。铜镜古称“鉴”，一般呈圆形，镜面打磨光亮后用来照容，背面常铸花纹。

商周铜镜纹饰比较简单，主要以几何形线纹为主，并在中央置一钮孔，用以系绳垂挂或固定于镜台上，有的镜面微凸，凸面镜在汉代较为流行。春秋战国铜镜制作比较精细，方圆皆有，镜钮为半环形钮、桥形钮和弦纹钮。西周以素面镜为主，西汉时铜镜逐渐厚重，东汉至魏晋时则出现了一些新的镜形，而到了唐朝，镜子就华丽了许多。

7. 丁香结

⊙宗　璞

今年的丁香花似乎开得格外茂盛，城里城外，都是一样。城里街旁，尘土纷嚣之间，忽然呈出两片雪白，顿使人眼前一亮，再仔细看，才知是两行丁香花。有的宅院里探出半树银妆，星星般的小花缀满枝头，从墙上窥着行人，惹得人走过了还要回头望。

城外校园里丁香更多。最好的是图书馆北面的丁香三角地，种有十数棵白丁香和紫丁香。月光下，白的潇洒，紫的朦胧。还有淡淡的幽雅的甜香，非桂非兰，在夜色中也能让人分辨出，这是丁香。

在我住了断续近三十年的斗室外，有三棵白丁香。每到春来，伏案时抬头便看见檐前积雪。雪色映进窗来，香气直透毫端。人也似乎轻灵得多，不那么浑浊笨拙了。从外面回来时，最先映入眼帘的，也是那一片莹白，白下面透出参差的绿，然后才见那两扇红窗。我经历过的春光，几乎都是和这几树丁香联系在一起的。那十字小白花，那样小，却不显得单薄。许多小花形成一簇，许多簇花开满一树，遮掩着我的窗，照耀着我的文思和梦想。

古人词云“芭蕉不展丁香结”“丁香空结雨中愁”。在细雨迷蒙中，着了水滴的丁香格外妩媚。花墙边两株紫色的，如同印象派的画，线条模糊了，直向窗前的莹白渗过来。让人觉得，丁香确实该和微雨连在一起。

只是赏过这么多年的丁香，却一直不解，何以古人发明了丁香结的说法。今年一次春雨，久立窗前，望着斜伸过来的丁香枝条上一柄花蕾。小小的花苞圆圆的，鼓鼓的，恰如衣襟上的盘花扣。我才恍然，果然是丁香结！

丁香结，这三个字给人许多想象。再联想到那些诗句，真觉得它们负担着解不开的愁怨了。每个人一辈子都有许多不顺心的事，一件完了一件又来。所以丁香结年年都有。结，是解不完的；人生中的问题也是解不完的，不然，岂不太平淡无味了吗？

小文成后一直搁置，转眼春光已逝。要看满城丁香，需待来年了。来年又有新的结待人去解——谁知道是否解得开呢。

8. 燕园树寻

⊙宗　璞

燕园的树何必寻？无论园中哪个角落，都是满眼装不下的绿。这当然是春夏的时候。到得冬天，松柏之属，仍然绿着，虽不鲜亮，却很沉着。落叶树木剩了槎枒枝条，各种姿态，也是看不尽的。

先从自家院里说起。院中的三棵古松，是“三松堂”命名的由来，也因“三松堂”而为人所知了。世界各地来的学者常爱观赏一番，然后在树下留影。三松中的两株十分高大，超过屋顶，一株是挺直的；一株在高处折弯，作九十度角，像个很大的伞柄。撒开来的松枝如同两把别致的大伞，遮住了四分之一的院子。第三株大概种类不同，长不高，在花墙边斜斜地伸出枝干，很像黄山的迎客松。地锦的条蔓从花墙上爬过来，挂在它身上。秋来时，好像挂着几条红缎带，两只白猫喜欢抓弄摇曳的叶子，在松树周围跑来跑去，有时一下子蹿上树顶，坐定了，低头认真地观察世界。

若从下面抬头看，天空是一块图案，被松枝划分为小块的美丽的图案。由于松的接引，好像离地近多了。

后园有一株老槐树，比松树还要高大，有段时间成为尺蠖寄居之所。它们结成很大的网，拦住人们去路，勉强走过，便赢得十几条绿莹莹的小生物在鬓发间、衣领里。最可恶的是它们侵略成性，从窗隙爬进屋里，不时吓人一跳。我们求药无门，乃从根本着手，多次申请除去这树，未获批准。后来打过几次药后，那绿虫便绝迹。我们真有点“解放”的感觉。

老槐树下，如今是一畦月季，还有一圆形木架，爬满了金银花。老槐树让阳光从枝叶间漏下，形成“花荫凉”，保护它的小邻居，因为尺蠖的关系，我对“窝主”心怀不满，不大想它的功绩，甚至不大想它其实也是被侵略和被损害的。不过不管我怎样想，现在一块写明“古树”的小牌钉在树身，更是动不得了。

院中还有一棵大栾树，枝繁叶茂，恰在我窗前。从窗中望不到树顶。每有大风，树枝晃动起来，真觉天昏地暗，地动山摇，有点像坐在船上。这树开小黄花，春夏之交，有一个大大的黄色的头顶，吸引了不少野蜂。以前还有不少野蜂在树旁筑窝。后来都知趣地避开了。夏天的树，挂满浅绿色的小灯笼，是花变的。以后就变黄了，坠落了。满院子除了落叶还有小灯笼，扫不胜扫。专司打扫院子的老头曾形容说，这树真霸道。后来他下世了，几个接班人也跟着去了，后继无人，只好由它霸道去。看来人是熬不过树的。

出得自家院门，树木不可胜数，可说的也很多，只能略拣几棵了。临湖轩前面的两株白皮松，是很壮观的。它们有石砌的底座，显得格外尊贵。树身挺直，树皮呈灰白色。北边的一株在根处便分岔，两条树干相并相依，似可谓之连理。南边的一株树身粗壮，在高处分岔。两树的枝叶都比较收拢，树顶不太大，好像三位高大而瘦削的老人，因为饱经沧桑，只有沉默。

俄文楼前有一株元宝枫，北面小山下有几树黄栌，是涂抹秋色的能手。燕园中枫树很多，数这一株最大，两人才可以合抱。它和黄栌一年一度焕彩蒸霞，使这一带的秋意如醇酒，如一曲辉煌的钢琴协奏曲。

若讲到一个种类的树，不是一株树，杨柳值得一提。杨柳极为普通，因为太普通了，人们反而忽略了它的特色。未名湖畔和几个荷塘边遍植杨柳，我乃朝夕得见。见它们在春寒料峭时发出嫩黄的枝条，直到立冬以后还拂动着；见它们伴着娇黄的迎春、火红的榆叶梅度过春天的热烈，由着夏日的知了在枝头喧闹。然后又陪衬着秋天的绚丽，直到一切扮演完毕。不管湖水是丰满还是低落，是清明还是糊涂，柳枝总在水面低回宛转，依依不舍。“杨柳岸，晓风残月”，岸上有柳，才显出风和月，若是光光的土地，成何光景？它们常集体作为陪衬，实在是忠于职守，不想出风头的好树。

银杏不是这样易活多见的树，燕园中却不少，真可成为一景。若仿什么十景八景的编排，可称为“银杏流光”。西门内一株最大，总有百年以上的寿数，有木栏围护。一年中它最得意时，那满树略带银光的黄，成为夺目的景象。我有时会想起霍桑小说中那棵光华灿烂的毒树，也许因为它们都是那样独特，其实银杏树是满身的正气，果实有微毒，可以食用。常见一些不很老的老太太，提着小筐去“捡白果”。

银杏树分雌雄。草地上对称处原有另一株，大概是它的配偶。这配偶命不好，几次被移走，有心人又几次补种。到现在还是垂髫少女。一院院中，有两大株，分列甬道两旁，倒是原配。它们比二层楼还高，枝叶罩满小院。若在楼上，金叶银枝，伸手可取。我常想摸一摸那枝叶，但我从未上过这院中的楼，想来这辈子也不会上去了。

它们的集体更是大观了。临湖轩下小湖旁，七棵巨人似的大树站成一排，挡住了一面山。我曾不止一次写过那金黄的大屏风。这两年，它们的叶子不够繁茂，已经不像从前那样有气势了。树下原有许多不知名的小红树，和大片的黄连在一起，真是如火如荼，现在莫名其妙地消失了，大概给砍掉了。这一排银杏树，一定为失去了朋友而伤心吧。

砍去的树很多，最让人舍不得的是办公楼前的两大棵西府海棠，比颐和园乐寿堂前的还大，盛开时简直能把一园的春色都集中在这里。

还有些树被移走了，去点缀新盖的楼堂馆所。砍去的和移走的是寻不到了，但总有新的在生在长。谁也挡不住。

新的银杏便有许多。一出我家后角门，可见南边通往学生区的路。路很直，两边年轻的银杏树也很直。年复一年地由绿而黄。不知有多少年轻人走过这路，迎着新芽，踩着落叶，来了又走了，走远了——

而树还在这里生长。

（有删改）

单元学习任务

任务一

在本单元的文章中，作者选择了不同的“物”进行描摹，寄寓自己的情思，抒发自己的感悟。请同学们阅读本单元的文章，看看作者分别描写了哪些“物”，写出了“物”怎样的特点，表达了作者怎样的感受和思考。请从文中找出相关的语句，完成下面的表格。

题目	物	特点	感受和思考
好一朵木槿花			
牡丹的拒绝			
岳桦			
雪野里的精灵			
落叶的生命			
石崖上的枣树			
牛蒡花			
一片树叶			
丁香结			
燕园树寻			

任务二

写景状物时，作者在充分观察、体验、比较后，往往运用多种写作手法写出景物的特征，寄寓自己的情感、志趣。请仿照示例，结合本单元其他文章，梳理一下作者在描摹景物时运用的写作手法。

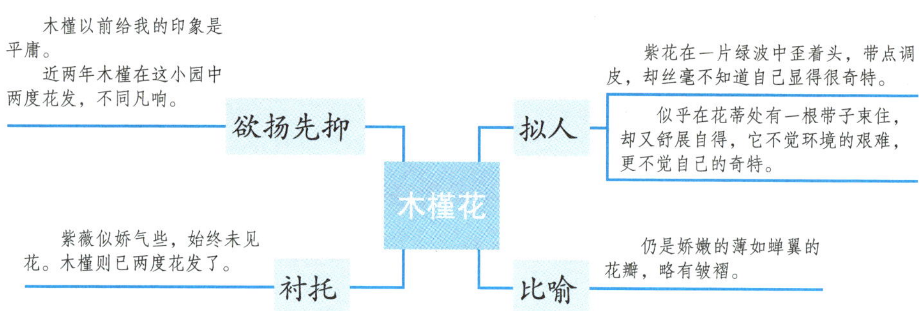

任务三

生活中，你是否曾为春风中的鹅黄驻足，为夏日的绿柳停留，为秋空中的白鸽眺望，为冬雪中的红日流连？自然界中的一草一木，常在不经意间带给我们感动。请与同学交流你的体会，写一篇散文，表达你对生命的感悟。

草木有情

“已识乾坤大，犹怜草木青。”面对四季轮回、草木荣枯，哪怕是历尽沧桑、阅遍世事的人，也会被生活中平凡的景物所感动。曾经出现在生命中的一草一木，往往与难以忘怀的人和事相关。作家们笔下的花草树木展现了他们的一段过往、一段历程，让我们感受到他们的情思、感悟……

本单元的文章，或借景抒情，或托物言志，字里行间蕴含着深情与哲理。阅读时，要注意作者在写景状物方面运用的技巧。通过品味重点语句和词语，体会作者的感情。

1. 老海棠树

⊙史铁生

如果可能，如果有一块空地，不论窗前屋后，要是能随我的心愿种点什么，我就种两棵树。一棵合欢，纪念母亲。一棵海棠，纪念我的奶奶。

奶奶，和一棵老海棠树，在我的记忆里不能分开；好像她们从来就在一起，奶奶一生一世都在那棵老海棠树的影子里张望。

老海棠树近房高的地方，有两条粗壮的枝丫，弯曲如一把躺椅，小时候我常爬上去，一天一天地就在那儿玩。

春天，老海棠树摇动满树繁花，摇落一地雪似的花瓣。我记得奶奶坐在树下糊纸袋，不时地冲我叨唠："就不说下来帮帮我？你那小手儿糊得多快！"我在树上东一句西一句地唱歌。奶奶又说："我求过你吗？这回活儿紧！"我说："我爸我妈根本就不想让您糊那破玩意儿，是您自己非要这么累！"奶奶于是不再吭声，直起腰，喘口气，这当儿就又呆呆地张望——从粉白的花间，一直到无限的天空。

或者夏天，老海棠树枝繁叶茂，奶奶坐在树下的浓荫里，又不知从哪儿找来了补花的活儿，戴着老花镜，埋头于床单或被罩，一针一线地缝。天色暗下来时她冲我喊："你就不能劳驾去洗洗菜？没见我忙不过来吗？"我跳下树，洗菜，胡乱一洗了事。奶奶生气了："你们上班上学，就是这么糊弄？"奶奶把手里的活儿推开，一边重新洗菜一边说："我就一辈子得给你们做饭？就不能有我自己的工作？"这回是我不再吭声。奶奶洗好菜，重新捡起针线，从老花镜上缘抬起目光，又会有一阵子愣愣地张望。

有年秋天，老海棠树照旧果实累累，落叶纷纷。早晨，天还昏暗，奶奶就起来去扫院子，"唰啦——唰啦——"，院子里的人都还在梦中。那时我大些了，正在插队，从陕北回来看她。那时奶奶一个人在北京，爸和妈都去了干校。那时奶奶已经腰弯背驼。"唰啦唰啦"的声音把我惊醒，赶紧跑出去："您歇着吧我来，保证用不了三分钟。"可这回奶奶不要我帮。"咳，你呀！你还不懂吗？我得劳动。"我说："可谁能看得见？"奶奶说："不能那样，人家看不看得见是人家的事，我得自觉。"她扫完了院子又去扫街。"我跟您一块儿扫行不？""不行。"

这样我才明白，曾经她为什么执意要糊纸袋，要补花，不让自己闲着。有爸和妈养活她，她不是为挣钱，她为的是劳动。她的成分随了爷爷算地主。虽然我那个地主爷爷三十几岁就一命归天，是奶奶自己带着三个儿子苦熬过几十年，但人家说什么？人家说："可你还是吃了那么多年的剥削饭！"这话让她无地自容。她要用行动证明。证明什么呢？她想着她未必不能有一天自食其力。奶奶的心思我有点懂了：什么时候她才能像爸和妈那样，有一份名正言顺的工作呢？大概这就是她的张望吧，就是那老海棠树下屡屡的迷茫与空荒。不过，这张望或许还要更远大些——她说过：得跟上时代。

所以冬天，在我的记忆里，几乎每一个冬天的晚上，奶奶都在灯下学习。窗外，风中，老海棠树枯干的枝条敲打着屋檐，摩擦着窗棂。奶奶曾经读一本《扫盲识字课本》，再后是一字一句地念报纸上的头版新闻。在《奶奶的星星》里我写过：她学《国歌》一课时，把“吼声”念成了“孔声”。我写过我最不能原谅自己的一件事：奶奶举着一张报纸，小心地凑到我跟前：“这一段，你给我说说，到底什么意思？”我看也不看地就回答：“您学那玩意儿有用吗？您以为把那些东西看懂，您就真能摘掉什么帽子？”奶奶立刻不语，唯低头盯着那张报纸，半天半天目光都不移动。我的心一下子收紧，但知已无法弥补。“奶奶。”“奶奶！奶奶——”我记得她终于抬起头时，眼里竟全是惭愧，毫无对我的责备。

但在我的印象里，奶奶的目光慢慢离开那张报纸，离开灯光，离开我，在窗上老海棠树的影子那儿停留一下，继续离开，离开一切声响甚至一切有形，飘进黑夜，飘过星光，飘向无可慰藉的迷茫与空荒……而在我的梦里，我的祈祷中，老海棠树也便随之轰然飘去，跟随着奶奶，陪伴着她，围拢着她；奶奶坐在满树的繁花中，满地的浓荫里，张望复张望，或不断地要我给她说说：“这一段到底是什么意思？”——这形象，逐年地定格成我的思念，和我永生的痛悔。

（有删节）

2. 和樟树有关的生活

⊙裘山山

我们家的窗前有两棵树，一棵不是枣树，另一棵也不是枣树。

它们是樟树。

其实我们的楼前，一整排树都是香樟树，再推远，我们的院子里，每条路边都是香樟树。我原先住的老楼后面，也是香樟树。但我最喜欢的，只是我们家窗前的这两棵。也许是日久生情？我觉得它们特别有味道。

每年春天来临的时候，香樟树就开始落叶了，在落叶的同时，发出嫩绿的新芽，那个时候的香樟，是深绿与浅绿相遇，年轻与迟暮重逢。樟树的新老交替总是进行得紧密无间，所以，我从来没有见过裸露的香樟，你见过吗？一年四季，它们都给我满眼绿色。即使到了秋天，所有的树都在落叶了，樟树的老叶也纹丝不动，密密匝匝地守护着树干，守护着正在孕育的母体。它们一定要等孕育中的新芽长大成叶，来到世间，才会放心离去。

这么说，香樟树对秋天的来临没有感觉？不，它们也是很敏感的，只是，它们要以它们的方式，向秋天致意。

每年一到八月，天气尚在炎热中，我就能听见窗外传来“噼噼啪啪”的声响了，同时，一种略略的有些苦涩的气味进入嗅觉。我马上就意识到，立秋了。抬眼望，窗前的香樟树果然结满了黄豆粒大小的果实，它们由绿而紫，一串串的，像野葡萄般垂挂在树丛间。

年年如此，无论雨水多少，温度高低，从未延误过。

想来，香樟树也是应该开花的，它们不是无花果。只是它们的花开得悄无声息，默默无闻，所以我从来没有察觉过。但香樟树的果子就不同了，仿佛为了弥补花期的黯淡，它们决意要闹出点儿动静来。虽然果实很小，小到与高大的树很不相称，但一俟成熟了，就纷纷跌落在地，让你想忽视它们都不行。草丛里，人行道上，甚至停在树下的汽车上，到处都是它们的身影。熟透了的，落地就摔裂，紫色的浆液绽开，散发出好闻的苦味儿；没熟透的，在地上滚来滚去，无意中被过往的脚踩裂，便“啪哧”一声，散发出特有的气息。还有更多的，跌落时砸在了自行车棚顶上，噼啪作响，有风的时候，那声音就很密集，好像下冰雹似的。

最早知道香樟树，是从母亲那里。母亲说，老家有个传统，嫁女儿时，嫁妆里一定要有樟木箱，因为樟木箱不会生虫，它有种特殊的气味。我记得小时候我们家就有两口樟木箱，母亲总是把看重的衣服，诸如毛衣毛裤呢子大衣之类，放在那两口箱子里。母亲还说，等你们出嫁的时候，我也给你们每人做两个。可是，等我们出嫁时，已经没地方可以做樟木箱了，只能买皮箱。

香樟树还是我故乡杭州的市树，在杭州，到处都可以见到它。为了写这篇文章，我查阅了一下资料。网上说，香樟树是江南四大名木之一。初夏开花，黄绿色，圆锥花序，树冠广展，叶枝茂盛，浓荫遍地，气势雄伟，是优良的行道树及庭荫树。香樟树因含有特殊的香气和挥发油而具有耐温、抗腐、祛虫之特点，是名贵家具、高档建筑、造船和雕刻等理想用材。我们日常用的樟脑就是由香樟树的根、茎、枝、叶蒸馏而制成的。网上还说，在民间，人们常把香樟树看成是景观树、风水树，寓意避邪、长寿、吉祥如意。香樟树的树皮粗糙，质地却很均匀，从来没有白杨树的斑斑驳驳，没有柳树的肿瘤结节；树冠的形态是球形的，在天空中画出优美的曲线……

读来不免疑惑，我们家窗前的香樟树，树冠却不是球形的。后来我想明白了，因为这些树几十年无人修剪，只能将就地形、空间任意生长，就成了这样。曾经认识一个老同志，他说这满院的香樟树，都是他们当兵时种下的，算来，已有四十年的军龄了，比我的军龄还长。

网上的资料里，始终没有提到它的果实，而我写这篇东西，却是缘于它的果实。

我还是写我的吧。

今年窗前的香樟树果实特别多，所以掉在地上的，砸在车棚上的也特别多。我停在树下的汽车，车的周身都有紫红色的浆汁。若是其他东西，我早就烦了，赶紧擦掉。但知道是香樟树的果汁，就任它留在那里了。早上带狗狗下楼，听见“噼噼啪啪”的响声，看着满地果浆的痕迹，顿觉凉意，秋从心来。

我进这个大院，与香樟树做伴，已经20年了。却不知为何，以前并没有发现它的果实。记得1988年，我住的楼房后面，有6棵非常好的香樟树因修楼被砍。砍掉的树一时没有拖走，就倒在我的窗下，那一夜，香樟树的气息一直在屋子里弥漫，让我难过不已。当时我正在写一个短篇小说，写知识分子在经济大潮到来时的困惑、窘迫和挣扎。我就取题为《梦魇香樟树》。小说写完了，我自己觉得不错，就想给《人民文学》。谁也不认识，就写了个地址寄去。幸运的是，《人民文学》的老编辑崔道怡看到了这篇小说，很欣赏，在那一年的11期发了出来。很多朋友看了，都觉得很不错，认为我应该抓住时机赶紧创作，我自己也充满信心。

年复一年，我已经目睹了6次香樟树的新老交替，聆听了6次香樟果跌落的声音，也就是说，我在这窗内已住了6年。这6年，我在香樟树的目睹下，写了3部长篇，几十个中短篇，上百篇散文，不知不觉，收获也不小。再往前，我也是在香樟树的目睹下起步的，开始创作，开始做母亲，开始经历人生的风风雨雨。与香樟树相伴的日子，便是我做编辑搞创作的日子，从青年走向中年。我每天面对它，或者背靠它，不知采了它多少元气呢。虽然如今听到香樟果跌落，感觉到光阴流逝，不免有一丝悲凉和无奈。但更多的，还是欣慰。

余下的日子，若依然能在它的陪伴下写作、生活，在树的绿荫中慢慢老去，不是很幸运吗？

为此，我要郑重感谢香樟树。

写于2007年8月12日午后

3. 马缨花

⊙季羡林

曾经有很长的一段时间，我孤零零一个人住在一个很深的大院子里。从外面走进去，越走越静，自己的脚步声越听越清楚，仿佛从闹市走向深山。等到脚步声成为空谷足音的时候，我住的地方就到了。

院子不小，都是方砖铺地，三面有走廊。天井里遮满了树枝，走到下面，浓荫迎地，清凉蔽体。从房子的气势来看，从梁柱的粗细来看，依稀还可以看出当年的富贵气象。

这富贵气象是有来源的。在几百年前，这里曾经是明朝的东厂。不知道有多少忧国忧民的志士曾在这里被囚禁过，也不知道有多少人在这里受过苦刑，甚至丧掉性命。据说当年的水牢现在还有迹可寻哩。

等到我住进去的时候，富贵气象早已成为陈迹，但是阴森凄苦的气氛却是原封未动。再加上走廊上陈列的那一些汉代的石棺石椁、古代的刻着篆字和隶字的石碑，我一走回这个院子里，就仿佛进入了古墓。这样的环境，这样的气氛，把我的记忆提到几千年前去，有时我简直就像生活在历史里，自己俨然成为古人了。

这样的气氛同我当时的心情是相适应的，我一向又不相信有什么鬼神，所以我住在这里，也还处之泰然。

但是也有紧张不泰然的时候。往往在半夜里，我突然听到推门的声音，声音很大，很强烈。我不得不起来看一看。那时候经常停电。我只能在黑暗中摸索着爬起来，摸索着找门，摸索着走出去。院子里一片浓黑，什么东西也看不见。连树影子也仿佛同黑暗黏在一起，一点都分辨不出来。我只听到大香椿树上有一阵窸窸窣窣的声音，然后咪噢的一声，有两只小电灯似的眼睛从树枝深处对着我闪闪发光。

这样一个地方，对我那些经常来往的朋友们来说，是不会引起什么好感的。有几位在白天还有兴致来找我谈谈，他们很怕在黄昏时分走进这个院子。万一有事，不得不来，也一定在大门口向工友再三打听，我是否真在家里。然后才有勇气，跋涉过那一个长长的胡同，走过深深的院子，来到我的屋里。有一次，我出门去了，看门的工友没有看见。一位朋友走到我住的那个院子里，在黄昏的微光中，只见一地树影，满院石棺，我那小窗上却没有灯光。他的腿立刻抖了起来，费了好大力量，才拖着它们走了出去。第二天我们见面时，谈到这点经历，两人相对大笑。

我是不是也有孤寂之感呢？应该说是有的。当时正是“万家墨面没蒿莱”的时代，北平城一片黑暗。白天在学校里的时候，同青年同学在一起，从他们那蓬蓬勃勃的斗争意志和生命活力里，还可以吸取一些力量和快乐，精神十分振奋。但是，一到晚上，当我孤零一个人走回这个所谓家的时候，我仿佛遗世而独立。没有人声，没有电灯，没有一点活气。在煤油灯的微光中，我只看到自己那高得、大得、黑得惊人的身影在四面的墙壁上晃动，仿佛是有个巨灵来到我的屋内。寂寞像毒蛇似的偷偷地袭来，折磨着我，使我无所逃于天地之间。

在这样无可奈何的时候，有一天，在傍晚的时候，我从外面一走进那个院子，蓦地闻到一股似浓似淡的香气。我抬头一看，原来是遮满院子的马缨花开花了。在这以前，我知道这些树都是马缨花，但是我却没有十分注意它们。今天它们用自己的香气告诉了我它们的存在。这对我似乎是一件新事。我不由得就站在树下，仰头观望：细碎的叶子密密地搭成了一座天棚，天棚上面是一层粉红色的细丝般的花瓣，远处望去，就像是绿云层上浮上了一团团的红雾。香气就是从这一片绿云里洒下来的，洒满了整个院子，洒满了我的全身，使我仿佛游泳在香海里。

花开也是常有的事，开花有香气更是司空见惯。但是，在这样一个时候，这样一个地方，有这样的花，有这样的香，我就觉得很不寻常；有花香慰我寂寥，我甚至有一些近乎感激的心情了。

从此，我就爱上了马缨花，把它当成了自己的知心朋友。

北平终于解放了。1949年的10月1日给全中国带来了光明与希望，给全世界带来了光明与希望。这一个具有重大意义的日子在我的生命里画上了一道鸿沟，我仿佛重新获得了生命。可惜不久我就搬出了那个院子，同那些可爱的马缨花告别了。

时间也过得真快，到现今，才一转眼的工夫，已经过去了十三年。这十三年是我生命史上最重要、最充实、最有意义的十三年。我看了很多新东西，学习了很多新东西，走了很多新地方。我当然也看了很多奇花异草。我曾在科摩林海角看到高凌霄汉的巨树上开着大朵的红花；我曾在缅甸的避暑胜地东枝看到开满了小花园的火红照眼的不知名的花朵；我也曾在塔什干看到长得像小树般的玫瑰花。这些花都是异常美妙动人的。

然而使我深深地怀念的却仍然是那些平凡的马缨花。我是多么想见到它们呀！

最近几年来，北京的马缨花似乎多起来了。在公园里，在马路旁边，在大旅馆的前面，在草坪里，都可以看到新栽种的马缨花。细碎的叶子密密地搭成了一座座的天棚，天棚上面是一层粉红色的细丝般的花瓣。远处望去，就像是绿云层上浮上了一团团的红雾。这绿云红雾飘满了北京，衬上红墙、黄瓦，给人民的首都增添了绚丽与芬芳。

我十分高兴。我仿佛是见了久别重逢的老友。但是，我却隐隐约约地感觉到，这些马缨花同我回忆中的那些很不相同。叶子仍然是那样的叶子，花也仍然是那样的花；在短短的十几年以内，它绝不会变了种。它们不同之处究竟何在呢？

我最初确实是有些困惑，左思右想，只是无法解释。后来，我扩大了我回忆的范围，不把回忆死死地拴在马缨花上面，而是把当时所有同我有关的事物都包括在里面。不管我是怎样喜欢院子里那些马缨花，不管我是怎样爱回忆它们，回忆的范围一扩大，同它们联系在一起的不是黄昏，就是夜雨，否则就是迷离凄苦的梦境。我好像是在那些可爱的马缨花上面从来没有见到哪怕是一点点阳光。

然而，今天摆在我眼前的这些马缨花，却仿佛总是在光天化日之下。即使是在黄昏时候，在深夜里，我看到它们，它们也仿佛是生气勃勃，同浴在阳光里一样。它们仿佛想同灯光竞赛，同明月争辉。同我回忆里那些马缨花比起来，一个是照相的底片，一个是洗好的照片；一个是影，一个是光。影中的马缨花也许是值得留恋的，但是光中的马缨花不是更可爱吗?

我从此就爱上了这光中的马缨花，而且我也爱藏在我心中的这一个光与影的对比。它能告诉我很多事情，带给我无穷无尽的力量，送给我无限的温暖与幸福；它也能促使我前进。我愿意马缨花永远在这光中含笑怒放。

1962年10月1日

4. 越冬的小草

⊙端木蕻良

我经常出去散步，因为我的居室北向，需要走出去迎接阳光和新鲜空气。不管冬天和夏天，这是大夫指点要我做的。

除非碰到坏天气，或者，病加重了，我就从不间断地要从一幢楼房面前经过。这幢楼房是座旅馆，人来人往，川流不息。有各省市来的人，也有外国客人。他们的衣着不同，但是，随着季节变化，冬天要防寒，夏天要防暑，这是一致的。

有一次，一位从加拿大来的朋友，到我家做客。她听人说，北京冬天很冷，便穿了皮衣、戴了皮帽飞到北京来。那时，北京的水汀还在送暖，她一进我家的门，当然除去皮手套，脱掉皮大衣，摘下皮帽子。但还是觉着热得不行，原来她里面还穿着皮上衣，脚上还穿着长筒皮靴。她笑着说：“北京冬天是够冷的，但我准备的皮衣服，也未免太过分了。”

是的，只要地球在转，季节就在变化。不要说北方了，就是在四季如春的昆明，连石头也要感受到气候的变化呢！

在闻名世界的石林，有一个叫“阿诗玛”的天然石像，她在春天就像一个少女，背着竹篓轻盈地走着。但是，据说严冬来了，在风刀霜剑的交错中，她就显得像一个佝偻着背的老太婆了。直到又一个春天来了，才又恢复了“阿诗玛”的形象。

北京的冬天，风沙特别大。除了常青树，花草都无法生长。地上的草就在寒霜风雪中枯萎了，除了一些可怜的草根，地上便全是土地的本色。

我出去散步，经过那座大楼的花坛时，眼光都要射向那还有着暗绿色的云杉。北国的严寒，能看到绿色，总是令人喜悦的。何况，它每天都使我有“常青”的感觉呢……

有一天，我的眼光又自然而然地投向它，从树梢一直看到它的根部，忽然发现在它的根部的四周，有着一些小草。这使我像孩子发现奇迹般地高兴起来。花坛有铁栏杆，我不能进去仔细观看。但我请问了老园丁，他告诉我这还活着的小草叫护盆草。

护盆草是一年生的植物，它是度不过这北国的冬天的。肯定它也不过是在熬日子罢了。

但从此，在我每次走过这座大楼门前的花坛时，最先去看的却不是那高傲、耸立、得天独厚的云杉，而是那护盆草了。我发现它一天比一天发“蔫”，但仍保有绿色，甚至还开着瘦小的黄花呢！这小黄花是不会结出成熟的籽粒来的，只是表明小草的生命还在继续着。

今年的雪下得不多，花坛的后面便是高楼，北风被楼给挡住了，这当然是小草得以活下去的原因。但是，不凋的杉树把阳光给遮住了，护盆草受到的温暖也不会太多。可它却一直没有失去绿色。

有一天，真的下起雪来了，雪虽不大，但盖住护盆草还是绰绰有余的。我也不能进到里面为它把雪拨弄开；同时，我又想：雪也可能还为它盖了一层棉被呢！我还是很担心护盆草的命运，我没见过露天过冬的护盆草，也没有听到什么人说过。

雪住了，这次，我不是去散步，而是拿起手杖去看护盆草。是的，不是散步，这回，是去看护盆草！

护盆草，依然没有失去绿色。

供我观察的冬天过去了，春天从树梢上来了，春天从野草的宿根中来了，春天从风里来了，春天就在我眼前……

刚刚苏醒的柳丝，透着鹅黄；刚刚吐翠的小草，显得青嫩。我再去看那熬过冬天的护盆草，并没有赶上时间来换新装，可它却成了一丛碧绿。是的！是一丛碧绿！

柳树放叶，小草出土。我再去看那云杉下的护盆草，显得湛绿葱翠，它舒展了。几天过后，它变得更加蓬勃茂密。

又过些日子，云杉捧捧枝头都发出了新枝，谁走过它的身旁，都不能不看上几眼。眼睛和它相对时，得到的只会是喜悦。几乎没有人去注意那越过冬天的护盆草。它离不开土地，它生得太低矮了。

护盆草，就这样不声不响地度过了寒冷的冬天，又开始来迎接新的春天。我没有去查检《植物名实考》一类的书，那上面是不是有护盆草（或者它有另外的名字）的条目。我只知道它能越冬。只是因为病，使我必得要经常散步时，才得以发现的。不过，从观察中，我还是对它多了一些了解，原来，它几乎不需要什么。阳光对植物来说，是最可贵的。云杉比它高，比它大，把它给盖住了。它只能在筛下来的树影空隙中，得到几丝阳光。但是，它却使云杉不至失去湿度，又为别的花木保护根株，保持水土，净化空气。它默默无闻地保护着比它高大的植物，谁能说严寒中依然能保持秀色的云杉，没有这小小的护盆草的功劳呢？……所以，园丁才叫它作护盆草，只有园丁才配做它的知己。

我想，不会是所有的护盆草都能在户外越过冬天吧？仅就这云杉下面的护盆草来说，只要给它少受一些北风，就可以度过漫长的凛冽的冬天……

我知道蓖麻在印度是多年生的，在北京却不能。护盆草不是宿根的，大概还是靠种子来繁殖。可是，这种纤细的小草，竟能越过北国的冬天，消除了冬天和春天的界线。有谁看了不为这小草的顽强而感动呢？只是人们不知道罢了。对我来说，也是偶然的机遇，才见到了这个全过程。我想在今年冬天，还能尽情地观察它。明年，它也能越冬。那么，它就不只是可以被称为越冬的小草，而是可以名之为多年生的小草了。

当我又徘徊在那不算太高的大楼面前，我就想，当初盖大楼的人，决不会想到大楼会给小草作为屏障的。由于北风吹不透它，就使门前的护盆草得以存活下来。要是人们有意地用护盆草的精神为它多做一点护持，可能护盆草就会列入多年生的植物群里面了吧！……

一路散步，这个想法一直没离开过我……

5. 花开君子兰

⊙沈俊峰

已经四个多月了，案头的这盆君子兰一直在开花。乍看上去，君子兰花有点像农村菜园篱笆上攀爬的喇叭花，淡白桃红，虽有一番色彩，却极其朴素，并不是大红大紫。这花先是开了几朵，然后凋零，在花瓣没有完全脱落的情况下，后续的花蕾继续开放。这盆君子兰花就这样前仆后继，自强不息，独自芬芳，丝毫不受外界的影响。

大约是两年前，我被同事拉去逛花市。以前，我喜欢花草，不过是像农民知道麦子、稻谷、黄豆、高粱、玉米那样，只知道荒山庭院中的兰草花、喇叭花、桃花、李花之类，对于那些花棚中培植出来的名贵花草，却叫不上几个名字，是一个绝对的花盲。

花市里各种花草琳琅满目，让人目不暇接。看到一盆君子兰，想想“君子兰”这三个字，不免心动。这盆君子兰生长在一个不大的砖红色塑料花盆里，盆下面是一个塑料小托盘，包装非常简陋。一问店家，只要十元钱，心下欣喜，觉得物有所值，于是立马“以名取花”，总算没有空手而归。

这盆君子兰先是放在我的案头，几天后，同事说有花大家赏，于是把它放置在办公室落地玻璃的墙角，属于公共领地。那个位置朝西，只要天晴，君子兰就能西晒一点阳光。没多久，君子兰开花了，这让大家很愉悦，时不时欣赏、议论一番，感叹花开的魅力。爱美之心人皆有之，但是，人们对花的怜爱，其实并不是仅仅一个“美”字所能概括了的，似乎还有更深层次的对生命绽放的怜爱之情、渴望之意吧？人生一世，草木一秋，谁不想绚烂一把呢？

春节前，我换了一个部门。新办公室狭窄、逼仄，东面有一间包厢似的小屋挡着，西面是墙和门，君子兰只能放在我的案头。不管楼外是晴是阴，是雨是雾，它每天都见不到一丝阳光，唯一的亮光来自天花板上的日光灯。懒惰的我唯一能为它做的，是每天将剩余的茶水倒进花盆里，让它渴不着。这盆君子兰虽然身处劣境，地处贫瘠，看不到太阳，也见不到月亮，但是它并没有丝毫气馁和挫折感，仍旧花开如常，傲然挺立。它肥硕的叶片翠绿茁壮，呈现出一派勃勃生机。这盆君子兰，让我刮目相看，油然而生敬意。仔细观察，原来它的叶片分发两边，对称向上，是好几个“人”字的倒写，只是那“人”字的根却是深深嵌在泥土之中的。

五月的一天，我出差归来，惊奇于它的花容不败，伸手一摸，才发现花瓣已经僵硬如标本了。心中感动，霎时涌起一股悲壮的情愫，为这花，为这花的生命。我想起戈壁沙漠中的胡杨树，想到胡杨树生前与身后的故事，感佩不已。这花与胡杨树一样，也有着傲然气节和风骨！

案头这盆君子兰，我真的很喜欢，视为知己，期待着它再一次花开灿烂！

毛笔的历史

作为“文房四宝”之首，毛笔是中国人民匠心独具的创造，从汉字“笔”中可以看出，毛笔是由竹制笔杆和毛制笔头构成的。最早的毛笔，大约可追溯到2000多年前。

相传，秦国将军蒙恬率兵南下讨伐楚国时，经过一个名叫“中山”的地方，发现这里兔肥毫长，可以制笔。因此有“蒙恬造笔”的说法。但考古学家发现殷墟出土的甲骨片上所残留的红色文字与墨迹，都是用毛笔写的。由此可知毛笔应该起源于殷商之前，而蒙恬可能是毛笔的改良者。

6. 昆仑山上一棵树

⊙王宗仁

汽车箭镞般在青藏公路上飞驰。这时你如果把目光投射车窗外，马上会觉得自己置身于一个大自然的动物乐园中，动态中的野生动物令人目不暇接——藏羚羊从荒滩匆匆跑过，野驴在河边悠然饮水，雪豹滚在雪中自乐，苍鹰展翅飞翔在低空。远处，在蓝天与雪山衔接的地方，浮现出一片生动百态的海市蜃楼：静立的楼阁，游动的船队，野兽追逐，水鸟戏飞……

高原没有树，在汽车未进入拉萨河谷之前一路上看不到一棵树，人们心里发涩，干渴。几代青藏线人都说，在这儿栽活一棵树比养活一个金娃娃还要难！

我经常跑青藏线，渴盼在那里看到树的心情比别人更迫切。在那个平均海拔4000米以上的高寒缺氧世界里，树代表着一种美好的信念，标志着一种坚毅的力量。可是有一天当我在昆仑山里突然看到树时，怎么也不相信这会是真的……

那是初秋的一个清晨，我在昆仑山玉珠峰的西大滩住了一夜后，乘坐军车行驶60公里早早就到了纳赤台兵站。就是在这个兵站大门外的公路边，一棵傲然挺立的白杨树不甘示弱地走进我的视野。我惊异地上前打量起来。这棵小白杨虽然孤零零地站在茫茫昆仑山中，却向人们展示了一个勇敢者的形象。大概昨夜有一场小雨降临山中，它的每片叶尖上都点缀着一颗亮亮的露珠，甚至能清晰地看到映在里面的山峰。我想，是山峰太饥渴了，想挤进这露珠里润嗓子吧！

记得是20世纪50年代末，高原人曾用“昆仑山上一棵草”来祈盼绿色，渴求树木。然而，那时高原上连草也长不起来。如今，昆仑山中真的有了树。

谁在昆仑山里栽下了一棵树？是纳赤台兵站的少校站长姚万清。他告诉我，他们已经在山里栽了三年树，头两年都没逮住苗。去年是第四年了，栽了100棵小白杨，就活了这一棵。这一棵树现在虽然活了，但能不能有长久的生命谁也难以预料。他说这话时情绪显得有些沉重。我问：“难在什么地方？”他答：“关键是掌握好浇水、过冬这两道关。”

浇水的问题他们已经解决了，最初是用兵站门前昆仑河里的雪水浇树，雪水凉得很，树苗承受不了，抱冰而死。后来他们改用昆仑神泉的水给树喝，这是一个不冻泉，四季恒温，很适合树木生长。这样，杨树走过了夏天，也顺利地度过了秋天。可是它们最终没能挡住酷寒的袭击，死在了冬天的第一场大雪里。

姚万清抱着枯萎了的树苗痛哭一场。

好汉是不能用眼泪洗刷失败的。少校在来年六月继续栽树。昆仑山每年在这个时节才开始有春天的气息，那硬硬的寒风变软了，山巅的积雪也开始消融。官兵们只用了三天时间，兵站门前的路边就齐刷刷地栽起了两行杨树。不多不少，正好100棵。

夏天走了，秋天也随之逝去。进入冬天后，100棵杨树只留下了一棵，就是眼下我看到的这棵。它是在走过了一个冬天的艰难路程之后，出现在我眼前的。寒冬把它的枝干磨炼得壮实了，叶脉也厚墩墩的。少校说，前些年，天一冷他们只知道给树穿棉衣，整个冬天都捂得严严实实的。后来一位过路的农业学院教授指点他们说，树木冬天当然需要防寒的棉衣，但是更需要吸收阳光。太阳给它的除了温暖，还有活力，即生命力！这一点棉衣是代替不了的。姚万清听了，心里一下子亮堂了。每隔三两天他便给存活下来的这棵树脱掉棉衣，让它晒太阳，到了后半晌又用棉衣把它包裹得紧紧的。

姚万清说的棉衣是指用毛毯将树缠扎起来。他说，这棵树就这样活过来了，度过了第一个冬天。本来很棘手的问题，教授一点化就轻而易举地解决了。咱们脑子里缺的是科学呀！

少校的话题突然又变得沉重了，他说，还有第二个第三个第四个冬天，谁知道这小白杨会不会夭折，那样昆仑山又会变得灰暗起来。我安慰他，只要这棵树活下来就是栽树人的胜利，活一年是小胜利，活两年是大胜利，活三年这胜利就很辉煌了！少校很有信心地说，我当然要争取辉煌的胜利。

这话我信。我还告诉他，从现在起，我们就应该把“昆仑山上一棵草”，改为“昆仑山上一棵树”了。明年或者后年，我还要写一篇散文，题目是《唐古拉山一棵树》。

他笑了，笑得很开心！

（有删改）

风筝简史

风筝在我国有悠久的历史，早在2500多年前，我国就出现了风筝，但最初它并不叫这个名字。在古代，南方称风筝为“鹞”，北方称风筝为“鸢”。相传，风筝是春秋时鲁国人公输般（即鲁班）发明的。他从空中盘旋的鹞鸢得到启迪，于是“削竹木以为鹊，成而飞之，三日不下”。这就是最早的风筝。

从唐朝开始，风筝逐渐变成玩具。宋代，放风筝成了群众性的娱乐和节日纪念活动。明、清时期，玩风筝之风更盛，现在故宫里还收藏着三只末代皇帝溥仪玩过的大风筝。

7. 水仙花开

⊙孙建国

寒冬腊月，雪花飞舞。天地一片苍茫。

临窗的书桌上水仙花羞答答地绽开了。青翠叶片，簇拥着朵朵秀美小花，姿态绰约，清香袭人，宛如水上仙子婀娜多姿，给冬暮岁尾带来雅致而温馨的格调。

说起水仙，真有点愧疚。几年前，也是寒冬腊月，雪舞的季节。我第一次摆弄水仙，先把花球剥了外衣，略施雕刻，然后放进水钵里滋养。等到它将开花的时候，移入盛着清水和石子的花盆里。

可是到了除夕，包在叶膜里的花蕾仍迟迟不肯开放。叶茎却越长越高，越长越密，大有喧宾夺主之势。我焦急且恼怒，拿起剪刀，将叶茎齐刷刷地剪去一大截。结果事与愿违，这盆水仙萎萎缩缩，始终未见开放。

那年春节，一批又一批学生前来拜年。师生欢聚，其乐融融。然而，见到这盆水仙，大家不免有些惋惜。

第二年冬天，有个已经毕业好几年被大家叫作“瘦的诗人”的学生，给我送来几个花球，并默默地帮我弄好。隔几天，他还来察看生长情况。以后，每年的水仙花都是他送来，也都是他精心培育。

他身体依旧那么瘦弱，眼神依旧那么清纯。有一次，他告诉我，在希腊神话里，水仙花被认作美男子的化身。传说他不爱任何少女，却对水中自己的影子产生了爱情。当他猛地扑向水中前去拥抱影子时，灵魂便和自己的肉体告别，顷刻之间化为一株标致的水仙花……

我知道，“瘦的诗人”就是这株标致的水仙花。理想和现实幻化为一首美妙的诗。他叙述时，干瘪的胸膛急剧起伏着，眼里闪烁着泪花，然后定定地望着我，一如当年认真听我讲课的神态。我凝视含苞欲放的水仙花，又看看这位已经长大成人的学生，竟不知说什么才好。

那时，他成绩平平，却沉迷于诗歌写作，并不断有诗歌见诸报端。他上课老是走神。那清纯的目光，常专注于窗外的蓝天白云。倘若以考试名次判定学生优劣，他显然是“差生”。因此，在班会课上，我曾断言：成绩不好，光会写诗有什么用？全班同学哄然大笑，他的脸唰地红了，眼神黯淡下来。他没有争辩。

毕业后，他勤奋工作，成为一所小学的教学骨干；他笔耕不辍，又成为小有名气的青年诗人，并成了专业作家。他每年都来给我拜年。他出诗集时，居然还是找我为他作序。

此刻，水仙花又如期盛开了，仿佛“瘦的诗人”纯真的笑脸。花朵白得像云，花蕊黄灿灿，像云中的阳光。仿佛一首清新淡雅的小诗，给我的寒冬平添了无限乐趣和暖暖春意。

我忽然想到，当初我以世俗眼光看待如此清纯的学生，是否过于粗暴了？当我自以为是地训斥学生时，是否扼杀了他们的创造力和自尊心？“瘦的诗人”几年来一直为我小心呵护着水仙花，难道不是想悄悄地向我诉说什么吗？

古人云：“教学相长也。”我从教30多年，以教书育人为荣，以传播人类文明自诩，自我感觉良好。然而，从学生身上学到的东西，感受到的真诚，更使我生命得到净化，灵魂受到震撼……

窗外，又纷纷扬扬飘起了雪花。不禁想起了泰戈尔的一句诗：“下雪的日子，我心纯净。”我的眼睛有点湿润了。朦胧中，我看到水仙花在向我微笑，犹如“瘦的诗人”纯真的面孔。

我想，今年春节，不能再在家里坐等他来。我要先去真诚地向他拜年……

（有删改）

8. 院中那棵老槐树

⊙厉彦林

我家院里那棵老槐树，已经离开我们二十多个年头了，但它依然站在我记忆的深处，绿荫如盖，风姿绰约。

那还是20世纪60年代末期，我家还住在村东岭的东侧。就几间青石垒砌到顶的房子，但院中的那棵老槐树却在方圆几十里独一无二。那粗壮的干，遒劲的枝，茂密的叶，远远望去，像在山村里冒出的一朵墨绿色的蘑菇云，成为偏远山区一道难得的风景。这树虽然有些老态龙钟，但长得却十分茂盛。主干不是很高，也就是三米多，还有些弯曲，身上长着几个大伤疤，像一位饱经沧桑的老人，成熟，稳健，带着几分威严。细细的树枝和密匝匝的叶，在微风吹拂下婆娑多姿。夏天，树冠特别大，不但院子里全是绿荫，就连房子周围也在树冠的遮蔽之下。据老人讲，这棵树还是祖辈上从山西洪洞县老槐树下迁徙时带来的树种。当年祖先挑着锅碗瓢盆逃荒到此，看到一眼清冽的山泉，就定居下来，开荒种地，一代代地生存繁衍下来了。老槐树的种子在此生根发芽，代代繁衍，成为山西老槐树名副其实的后裔。

春雪融化，万物萌动。老槐树虽然同样享受春风的吹拂和春雨的滋润，但比别的树木明显反应迟钝，那芽尖要比别的树晚冒上十几天。当绿草如毯，山花开放，蜜蜂、蝴蝶飞舞的时候，枝干上一夜间就会冒出密密匝匝的新芽。清晨，树冠的细枝间弥漫着一层淡淡的气雾，那雾随着微风向四处飘逸，荡漾着一种神韵和灵气。那芽开始是白绒绒的，继而是绿茸茸的，不久便吐出一串串绿绿的花穗，一夜间就开出细小白净的花。每到这个时候，树四周就弥散着清幽幽的香气，远远地就能闻到那淡淡的沁人肺腑的清香。这槐树像一位母亲，宽容，慈祥，枝丫上托着许多的鸟巢。鸟儿们得意地安家落户，争吵嬉闹。槐树成了鸟类家族团聚的天然大伞。天下小雨，树下的地皮都湿不了。如遇有大的风雨，槐树下时常有羽翼未丰的幼鸟跌落。大雨过后，老槐树的枝干湿润润的，树叶显得更加翠绿、滑润。

那时孩子们的生活单调乏味，每当我们放学归来，不自觉地跑到那棵老槐树下相聚，那里是我们的乐园，也是我们的避风港。炎热的夏天，无论太阳的光芒多么毒辣，经过槐树密密地过滤以后，就带上几分凉意和温柔。这时，全家人一天三顿饭都在树下吃。晚上邻居们带上板凳，拎个蒲团，摇着芭蕉扇，在树下乘凉。看着宝石蓝的天空，望着弯弯的扁月和闪烁的繁星，听着蛐蛐的低鸣，那些鬼怪故事，那些家长里短和乡间的新鲜事，在树下聚会和扩散。

那年月，在生产队里出一个工只挣几分钱，日子都过得紧巴巴的。当时，谁能穿上一身绿军装，谁就高人一等，那气派，那劲头，无与伦比。这槐树的米是染绿军装的上等材料，也就贵重起来了。这槐树除了能给家人挡风遮雨，每年的槐米收入也列入了家庭年度预算。等到槐花刚张嘴露白，正是采摘槐米的好时候。有些槐花是可以爬到树上采摘的，有的要用一根大竹竿捆上个铁钩才能钩得到。槐米采摘下来放在席上或石板上晒两三天就干透了，就变成金黄色，然后用簸箕颠几颠，就分出了一二三等，到公社供销社保准卖上个好价钱。有时竟然能卖十几块钱。在那个年头，这可是一笔很大的收入，能够接济家里办好多事情。

天气凉了，秋天到了，其他树木的叶子耐不住寒冷早早地落了，而老槐树的叶却凋落得晚许多时辰。槐树落叶很漂亮，秋风吹过，焦黄的树叶稀里哗啦地垂落，如千万只金色蝴蝶在空中飞舞，院子里就像铺上了黄色地毯，踩在上面软绵绵的。老槐树落完叶子，显得更加干练和刚毅。寒风凛冽的雪天，枝头上挂着绒绒的雪团或长长的冰凌，整个院子显得十分纯洁、恬静和幽雅。树下经常有鸡和麻雀在刨雪觅食，这倒也给院落增添了几分生气和情趣。

槐树历经岁月沧桑，从不言语，像一位慈祥的老人，安静而沉稳，宽容一切。逢年过节，我爷爷总要在树下摆上几个菜，点上三叠草纸，十分虔诚地敬天、敬地、敬这棵老槐树。这棵老槐树成了一种精神的象征和感情的依托。家人每当孤寂、忧愁、郁闷或者有不顺心顺意的时候，望望那棵老槐树，什么都烟消云散了。

可惜这棵老槐树在一个夏天被雷击中，走到了生命的尽头。这棵既有几分神秘和威严，更凝聚着我们全家的期望和感激的老槐树，永远地活在我的心中。后来，我到过一些旅游景点，也到过一些村庄，见过各种千姿百态的大树、名树，但它们与我家那棵老槐树比，无论姿态、形状、气度都差了一截。

无论是花草树木，还是动物昆虫，只要奉献了什么，只要与人和平相处，彼此有了感情，就永远不会从记忆中抹除。

我家那棵百岁老槐树，它依然在我心灵的田野里，生长，摇曳。

（有删改）

古代使用的植物染料

使用天然的植物染料给纺织品上色的方法，称为“草木染”。新石器时代的人们在应用矿物颜料的同时，也开始使用天然的植物染料。人们发现，漫山遍野的花草树木的根、茎、叶、果实都可以用温水浸渍来提取染液。到了周代，植物染料在品种及数量上都达到了一定的规模，并设置了专门管理植物染料的官员，负责收集染草，以供浸染衣物之用。秦汉时，染色已基本采用植物染料，形成独特的风格。

9. 文　竹

⊙贾平凹

离开我的文竹，到这闹闹嚷嚷的城市里采购，差不多是一个月的光景了。一个月里，时间的脚步儿这般踟蹰，竟裹得我走不脱身去，夜里都梦着回去，见到了我的文竹。

去年的春上，我去天静山上访友，主人是好花的，植得一院红的白的紫的，然而，我却一下子看定了那里边的这盆文竹了。她那时还小，一个枝儿，一拃高的上来，却扁形地微微仄了身去，未醉欲醉的样子，乍醒未醒的样子。我爱怜地扑近去，却舍不得手动，出气儿倒吹得她袅袅拂拂，是纤影儿的巧妙了，是梦幻儿的甜美了。我不禁叫道：

“这不是一首诗吗？”

主人夸我说得极是，便将她送与我了。从此我得了这仙物，置在我的书案，成为我书房的第五宝了。她果然地好，每天夜里，写作疲倦了，我都要对着那文竹儿坐上片刻：月光是溶溶的，从窗棂里悄没声儿地进来，文竹愈觉得清雅，长长的叶瓣儿呈着阳阴；楚楚地，似乎色调又在变幻……这时候，我心神俱静，一切杂思邪念荡然无存，心里尽是绿的纯净，绿的充实。一时间，只觉得在这深深的黑夜里，一切都消失了，只有我了；我也要在这深深的夜里化羽而去了呢。

她陪着我，度过了一个春天，经过了一个冬天，她开始发了新芽，抽了新叶，一天天长大起来，已经不是单枝，而是三枝四枝，盈盈的，是一大盆的了。我真不晓得，她是什么精灵儿变的，是来净化人心的吗？是来拯救我灵魂的吗？当我快乐的时候，她将这快乐满盆摇曳，当我烦闷的时候，她将这烦闷淡化得是一片虚影，我就守在她的面前，弄起笔墨，做起我的文章了。人都说我的文章有情有韵，那全是她的，是她流进这字里行间的。啊，她就是这般的美好，在这个世界里，文竹是我的知己，我是再也离不得她了。

然而，我却告别了她，到这闹市里来采购，将她托付养育在隔壁的人家了。

这人家会精心养育吗？他们是些粗心的人，会把她一早端在阳光下晒着，夜来了，会又端着放在室里吗？一天可以办到，两天可以办到，十天八天，一个月，他们会是不耐烦了，把她丢在窗下，随那风儿吹着，尘儿迷着，那叶怕要黄去了，脱去了，一片一片，卷进那猪圈牛棚任六畜糟蹋去了。那么，每天浇一次水，恐怕也是做不到的，或许记得了倒一碗半杯残茶，或许就灌一勺涮锅水呢。那文竹怎么受得了呢，她是干不得的，也是湿不得的，夕阳西下的时候，托一碗水来，那不是净水，也不是溶着化肥的水，是在瓶子里沤了很久的马蹄皮子的水，端起来，点点滴滴地渗下去的呢……

唉，我真糊涂，怎么就托付了他们，使我的文竹受这么大的委屈啊！

采购还没有完成，身儿还不能回去，愁得无奈了，我去跑遍这城的所有公园，去看这里的文竹。文竹倒也不少，但全都没有我的文竹的天然，神韵也淡多了，浅多了。但是，得意扬扬之际，立即便是无穷无尽地思念我的文竹的愁绪。夜里歪在床上，似睡却醒，梦儿便姗姗地又来了。但来到的不是那文竹，是一个姑娘，我惊异着这女子的娟好，她却仄身伏在门上，抖抖削肩，唧唧嗒嗒地哭泣了。

“你为什么哭了？”我问。

“我伤心，我生下来，人人都爱我，却都不理解我，忌妒我，我怎么不哭呢？”她说，眼泪就流了下来。

哦，这般儿的女子处境，我是知道的：她们都是心性儿天似的清高，命却似纸一般的贱薄，峣峣者易折，皎皎者易污啊。

“他们为什么这样？他们为什么要这样？！”

我却淡淡地笑了：“谁叫你长得这么美呢？”

她却睁大了眼睛，定定地看着我，有了几分愤怒；我很是窘了。她突然说：

“美是我的错吗？我到这个世上来，就是来作用、贡献美的。或许我是纤弱的，但我娇贵，但我任性，我不容忍任何污染！”

我大大地吃惊了：

“你是谁，叫什么名字？”

“文竹！”

文竹？我大叫一声，睁开眼来，才知道是一场梦了。啊，是一场梦呢！往日的梦醒，使我空落，这梦，却使我这般地内疚，这般地伤感呢！我沉吟着，感到我托付不妥的罪过，感到我应该去保护我的责任；我一定是要回去的了，我得去看我的文竹了。

作于1981年1月20日静虚村

四大名绣

江苏的苏绣、湖南的湘绣、广东的粤绣和四川的蜀绣，并称“四大名绣”。

苏绣：苏州地理环境适合养蚕植桑，素以丝织生产和刺绣工艺著称于世。湘绣：创始于楚国，清代时成为长沙城乡的主要手工艺品，以光绪年间“吴彩霞绣坊”的作品为代表。粤绣：又称广绣，有记载的历史可追溯至唐代，具有传统特色的题材有百鸟朝凤、三阳开泰等。蜀绣：也称川绣，即以四川成都为中心的刺绣品的总称。

10. 可贵的山茶花

⊙邓　拓

我生平最喜欢山茶花。前年冬末春初卧病期间，幸亏有一盆盛开的浅红色的“杨妃山茶”摆在床边，朝夕相对，颇慰寂寥。有一个早上，突然发现一朵鲜艳的花儿被碰掉了，心里觉得很可惜。我把她拾起来，放在原来的花枝上，借着周围的花叶把她托住。经过了二十天的时间，她还没有凋谢。这是多么强烈的生命力啊！当时我写了一首小诗，称颂这朵山茶花：

红粉凝霜碧玉丛，
淡妆浅笑对东风。
此生愿伴春长在，
断骨留魂证苦衷。

她的粉红色花瓣，又嫩又润，恍惚是脂粉凝成的；衬着绿油油的叶子，又厚又有光泽，好像是用碧玉雕成的；一株小树能开许多花朵，前后开花的时间，可以连续两个月。她似乎在严寒的季节，就已经预示了春天的到来；而在东风吹遍大地的时候，她更加不愿离去，即便枝折花落，她仍然不肯凋谢，始终要把她的生命献给美丽的春光。这样坚贞优美的性格，怎能不令人感动啊！

今年春节，我有机会在云南的昆明和大理等地，看到各色各样的山茶花。特别是在大理，不但所有的公共场所都遍栽山茶花，而且许多居民的庭院中也尽是山茶花。在这个古老的小县城里，春节前夕的街头，到处摆满了小摊，出售野生的山茶花。我当时看到这番情景，马上产生一个强烈的印象，觉得这个小巧玲珑的古城，把它叫作“茶花城”，一点儿也不过分。美丽的山茶花，使这里的山水人物，全都变得那么娇艳可爱了。仰望苍山，俯瞰洱海，听着五朵金花公社的歌声，看着金花银花姐妹们热情的笑脸，人们的生活更显得丰富而美满，如诗如画，永不凋谢，永远繁荣！

这样美丽的山茶花乃是我国西南地区的特产，而以云南、四川为最。明代的王世懋，在他的著作《学圃杂疏》的《花疏》中写道：

> 吾地山茶，重宝珠。有一种花大而心繁者，以蜀茶称，然其色类殷红。尝闻人言，滇中绝胜。余官莆中，见士大夫家皆种蜀茶，花数千朵，色鲜红，作密瓣，其大如杯，云：种自林中丞蜀中得来，性特畏寒，又不喜盆栽。余得一株，长七八尺，舁归，植淡园中，作屋幕于隆冬，春时撤去。蕊多辄摘却，仅留二三花，更大绝，为余兄所赏。后当过枝，广传其种，亦花中宝也。

王世懋是江苏太仓人，为明代著名诗人王世贞的弟弟。从他的这一节记载中，我们可以看出，明代嘉靖年间，江苏等地的山茶花，大概都由四川和云南移植过去的。王世懋在书中还介绍了黄山茶、白山茶、红白茶梅、杨妃山茶等许多品种。在他以前，到明代万历年间，王象晋写了一部《群芳谱》，其中对山茶花又做了详细的介绍：

山茶一名曼陀罗，树高者丈余，低者二三尺，枝干交加。叶似木樨，硬有棱，稍厚；中阔寸余，两头尖，长三寸许；面深绿，光滑；背浅绿，终冬不脱。以叶类茶，又可作饮，故得茶名，花有数种，十月开至二月。有鹤顶花，大如莲，红如血，中心塞满如鹤顶，来自云南，曰滇茶，玛瑙茶，红黄白粉为心，大红为盘，产自温州。宝珠茶，千叶攒簇，色深少态。

杨妃茶，单叶，花开早，桃红色。焦萼。白似宝珠，宝珠而蕊白，九月开花，清香可爱。正宫粉、赛宫粉，皆粉红色。石榴茶，中有碎花。海榴茶，青蒂而小。菜榴茶、踯躅茶：类山踯躅。真珠茶、串珠茶，粉红色。又有云茶、磬口茶、茉莉茶、一捻红、照殿红。

在这里介绍了许多种山茶花的名目和特点，很有参考价值。但是，他说山茶又叫作曼陀罗，后来其他作者也这么说，这一点我却有另外的解释。曼陀罗显然是梵语的译音，并非我国原有的名称。而山茶花的原产地的确是我们中国，所以介绍她的本名只能用中国原有的名称，而不应该采用外来的名称。

唐代段成式的《酉阳杂俎》，早已肯定了山茶花的名称和基本特征。他说：“山茶，叶似茶树，高者丈余，花大盈寸，色如绯，十二月开。”到了宋代，范成大在《桂海虞衡志》中，更把山茶花分为南北两大类，一类是以当时的中原，即所谓中州所产的为代表；另一类则是南山茶，就是我们现在所说的云南、四川等地的山茶花。估计自古迄今南北各地山茶花的种类，总在一百种上下。正如明代的李时珍在《本草纲目》中所说的，“山茶之名，不可胜数”。这就好比菊花的名目一样，随着人工栽培技术的不断进步，她们的花色品种也必然会越来越多。李时珍在《本草纲目》中还介绍了山茶花的许多用途和医药价值。这就证明，她不但可供人们欣赏，而且是人们养生祛病的良友啊！

虽然，最珍贵的山茶花品种，目前还只能在南方温暖的地带有繁殖的条件。但是也可以断定，只要培植得法，她同样可以适应北方的气候和土壤，而逐渐繁殖起来，只要条件适宜，山茶花的寿命可以延续很久。据明代隆庆年间冯时可写的《滇中茶花记》所说：“茶花最甲海内，……寿经三四百年，尚如新植。”看来在我国南北各地，如果经过植物学家和园艺技师的共同研究，完全有可能把昆明、大理等处最好的山茶花品种，普遍移植，绝无问题。这比起在欧洲、美洲各国种植山茶花，条件要好得多了。人们都知道，法国人加梅尔，在十七世纪的时候，曾将中国的山茶花移植到欧洲，后来又移植到美洲。难道我们要在国内其他地区移植还不比他们更容易吗？

但是，无论天南海北的人，每当欣赏山茶花的时候，都不应该忘记她还有一段动人的传说。这是流传在云南白族人民中的一个神话故事。它告诉我们：古代有个魔王，嫉恨人间美满的生活，他用魔法把大地变成一片惨白的世界，不让有红花绿叶留在人间。但是，人们是爱惜自己的美好生活的。一位白族的少女，毅然决然地献出了不朽的青春，献出了宝贵的生命，用自己的鲜血，重新染红了山茶花，用自己的胆汁重新染绿了花叶，从那以后，山茶花才更加娇艳地出现在大地上。

怪不得历来有无数的诗人，写了无数的诗篇，一致赞赏山茶花的高贵品质。

这里应该首先提到宋代苏东坡歌咏山茶花的一首七绝。他写道：

山茶相对阿谁栽？
细雨无人我独来。
说似与君君不会，
烂红如火雪中开。

宋代另一个著名诗人范成大，也写了许多赞美山茶花的诗，其中有一首绝句是：

折得瑶华付与谁？
人间铅粉弄妆迟。
直须远寄骖鸾客，
鬓脚飘飘可一枝！

特别应该记住，爱国诗人陆放翁，因为看到花园里有“山茶一树，自冬至清明后，著花不已”，曾经写了两首绝句，大加赞扬：

东园三日雨兼风，

桃李飘零扫地空。
惟有小茶偏耐久，
绿丛又放数枝红。

雪里开花到春晚，
世间耐久孰如君？
凭栏叹息无人会，
三十年前宴海云。

在宋代的诗人中，就连曾子固素来被认为不会写诗的人，也都写过几首诗，尽情歌唱山茶花的秀艳和高尚的性格。曾子固的诗中有些句子也很动人。比如，他说："为怜劲意似松柏，欲攀更惜长依依。"他把山茶花和松柏相比，可算得估价极高了。

后来元、明、清各个朝代都有许多著名的诗人和画家，用他们的笔墨和丹青，尽情地描绘这美丽的山茶花。如今，我们生活在东风吹遍大地的新时代，我们要让人民过着日益美满幸福的生活，我们对于如此美丽而高贵的山茶花，怎么能不加倍地珍爱呢！

一九六二年三月

人生哲思

与娓娓道来的散文不同，诗歌往往以凝练的语言蕴含了深刻的道理。与讲究含蓄蕴藉的中国诗歌不同，外国的诗歌往往比较自由、奔放，更多的是诗人激情的直接流露。正如钱锺书先生在《七缀集》中所说：“和西洋诗相形之下，中国旧诗大体上显得情感不奔放，说话不唠叨，嗓门儿不提得那么高，力气不使得那么狠，颜色不着得那么浓。在中国诗里算是‘浪漫’的，和西洋诗相形之下，仍然是‘古典’的；在中国诗里算是痛快的，比起西洋诗，仍然不失为含蓄的。”

本单元的这些外国诗歌，表达了诗人对人生的不同理解和思考。在阅读这些诗歌时，要通过诵读，感受诗歌内在的韵律；通过感受语言风格，体会诗人的思想情感，理解诗歌蕴含的哲思。此外，还可以在比较阅读中了解诗歌的象征手法。

1. 普希金诗两首

⊙〔俄国〕普希金

迟开的花朵更可爱……

迟开的花朵更可爱，
美过田野上初绽的蓓蕾。
它们勾起愁绪万千，
使我们的心辗转低回。
正像有时难舍难分的离别，
比甜蜜的相逢更叫人心醉。

（刘湛秋/译）

冬天的早晨

严寒和阳光；多么晴朗！
我俏丽的朋友，你还在梦乡；
美人儿，该起身了，醒醒吧！
放开你被愉悦遮蔽的目光，

你变成北国的一颗晨星吧，
出现在曙光女神的身旁。

曾记否，昨夜风骤雪乱，
在昏暗的天空到处逞狂；
月亮宛如苍白的斑点，
从云端透射黄色的冷光，
你也满怀忧伤地坐着，
可现在……快向窗外探望：

在那蓝莹莹的天穹之下，
白雪上闪着艳红的阳光，
犹如一条条华美的地毯；
只有透明的树林黝黑如常，
枞树透过白霜泛出翠绿，
河水在冰层下闪闪流淌。

满屋都辉映着琥珀的光彩。
在一只生火的炉子近旁，
响起了噼噼啪啪的欢歌。
多么惬意啊，在暖炕上遐想。
不过你可知道，现在该吩咐

驾栗色牝马拉雪橇去奔忙？

滑过清晨的茫茫雪原，
好朋友，让我们纵马前往，
驱赶着不慌不忙的马，
去把空闲的田野拜访，
拜访不久前还茂密的森林
和河滨这块亲切的地方。

（顾蕴璞/译）

竹雕简说

我国是世界上最早使用竹制品的国家。竹雕，也称竹刻，是指在竹制的器物上雕刻多种装饰图案和文字，或用竹根雕刻成各种陈设摆件的一种工艺品。

竹雕成为一种艺术，自六朝始，直至唐代才逐渐为人们所识，并受到喜爱。竹雕发展到明清时期大盛，雕刻技艺精湛，早已超越了前代，在中国工艺美术史上独树一帜。

2. 弗罗斯特诗两首

⊙〔美国〕弗罗斯特

雪夜林边逗留

我知道谁是这林子的主人，
尽管他的屋子远在村中；
他也看不见我在此逗留，
凝视这积满白雪的树林。

我的小马想必感到奇怪：
为何停在树林和冰封的湖边，
附近既看不到一间农舍，
又在一年中最黑暗的夜晚。

它轻轻地摇了一下佩铃，
探询是否出了什么差错。
林中毫无回响一片寂静，

只有微风习习雪花飘落。

这树林多么可爱、幽深，
但我必须履行我的诺言，
睡觉前还有许多路要走啊，
睡觉前还有许多路要赶。

春　潭

这些水潭虽然隐藏在树林中，
却能清澈地反映出整个天空，
且如它们身边的花一样冷瑟，
也将如这些花一样很快消失，
但不是消失于溪流或江河，
而是缘根而上成浓荫繁枝。

树木在紧闭的叶芽里将它含蕴，
将成为夏日的树林郁郁葱葱——
让那些树木们好好想一想吧，
在将它抹去、饮干、扫除之前，
这花一样的水，这水一样的花，
原本是昨天融化的白雪所变。

（顾子欣/译）

3. 丁尼生诗两首

⊙〔英国〕丁尼生

橡　树

年轻人和老人，
　你们的一生
要如那棵橡树：
春天，它金灿灿——
　一树活的黄金；

繁荣的夏季
　来了又复去；
秋天换装时，
染一身肃穆——
　重新换上金衣。

满树的叶子

终于落尽了，
看，他昂然屹立，
只剩树干树枝——
赤裸裸的力。

越过海滩

太阳沉没，晚星闪烁，
一个清晰的呼声在召唤我！
愿海滩不要哀泣呜咽，
当我出海的时刻。

浑然流动的潮水似已睡去，
潮太满了，反而无声无息，
从无边的海洋里汲取的，
如今又复归去。

暮色茫茫，晚钟轻轻，
接着是黑暗降临！
但愿不要有诀别的悲痛，
当我起航的时辰。

虽然潮水会把我带到无限遥远，
越出我们的时间、空间，
我希望见到领航人，面对着面，
当我越过了海滩。

（飞白/译）

琉璃的由来

琉璃，是在陶质物表面覆盖的一层细密的玻璃质薄层，即通常所称的釉，它是用石英、长石等硅酸盐混合物在高温下熔制而成的。我国早在西周时期，就已经有了相当成熟的制造琉璃的工艺，如制作装饰品项链、剑画、屏风等。

到隋唐时，琉璃的制作工艺进一步发展和盛行。唐代著名的“唐三彩”也是琉璃制品。琉璃制品的制作，是先用陶土制成胎坯，然后烧成陶胎，涂上釉彩，再入窑烧制。

4. 华兹华斯诗两首

⊙〔英国〕华兹华斯

我孤独地漫游，如云一般

我孤独地漫游，如云一般，
飘荡着，高于溪谷和山峦，
一片片、一簇簇金色的水仙，
忽然间，映入眼帘；
在树下，在湖边，
在微风中起舞翩跹。

闪烁，璀璨，连绵不断，
犹如群星在银河间，
沿着港湾边缘，

它们延展成一条不断的线。
于一瞥间，所见有万，
在欢舞中，摇曳花冠。

近旁的水波也在舞玩；
但它们的欢舞更胜波光涟涟。
有这样欢快的陪伴，
诗人也不能不快乐怡然。
我凝视着，凝视着，却未能料见，
如此美景赋予了我何等财产。

时常，当我卧于榻间，
或忧思过往，或空虚茫然，
它们会闪现于我的心灵之眼，
那是独处时的极乐之源；
于是，我心欣然，
共水仙起舞翩翩。

（刘彦志/译）

孤独的收割人

你看！那高原上年轻的姑娘，

独自一人正在田野上。
她一边收割一边在唱歌；
你停下吧，或悄悄他往！
她独自在那里又割又捆，
她唱的音调好不凄凉；
你听！ 你听她的歌声，
在深邃的峡谷久久回荡。

在荒凉的阿拉伯沙漠里，
疲惫的旅人憩息在绿荫旁，
夜莺在这时啭呖婉转，
也不如这歌声暖人心房；
在最遥远的赫伯利群岛，
杜鹃声声唤醒了春光，
啼破了海上辽阔的沉寂，
也不如这歌声动人心肠。

谁能告诉我她在唱些什么？
也许她在为过去哀伤，
唱的是渺远的不幸的往事，
和那很久以前的战场？
也许她唱的是普通的曲子，

当今的生活习以为常？
她唱生活中的忧伤和痛苦，
从前发生过，今后也这样？

不论姑娘在唱些什么吧，
歌声好像永无尽头一样；
我见她举着镰刀弯下腰去，
我见她边干活儿边歌唱。
我凝神屏息地听着，听着，
直到我登上高高的山冈，
那乐声虽早已在耳边消失，
却仍长久地留在我的心上。

（顾子欣/译）

5. 丘特切夫诗两首

⊙〔俄国〕丘特切夫

沉　默

沉默吧，隐匿你的感情，
让你的梦想深深地藏躲！
就让它们在心灵深处
冉冉升起，又徐徐降落，
默默无言如夜空的星座。
观赏它们吧，爱抚，而沉默。

思绪如何对另一颗心说？
你的心事岂能使别人懂得？
思想一经说出就是谎，
谁理解你生命的真谛是什么？

搅翻了泉水，清泉会变浊，——
自个儿喝吧，痛饮，而沉默。

只要你会在自己之中生活，
有一个大千世界在你心窝，
魔力的神秘境界充满其中，
别让外界的喧嚣把它震破，
别让白昼的光芒把它淹没，——
倾听它的歌吧，静听，而沉默。

（飞白/译）

春

不管命运的手如何沉重，
不管人如何执迷于虚妄，
不管皱纹怎样犁着前额，
不管心里充满几多创伤；
不管你在忍受怎样的
残酷的忧患，但只要你
碰到了初春的和煦的风，
这一切岂不都随风飘去？

美好的春天……她不知有你，

也不知有痛苦和邪恶；
她的眼睛闪着永恒之光，
从没有皱纹堆上她前额。
她只遵从自己的规律，
到时候就飞临到人间，
她欢乐无忧，无所挂碍，
像神明一样对一切冷淡。

她把花朵纷纷撒给大地，
她鲜艳得像初次莅临；
是否以前有别的春天，
这一切她都不闻不问。
天空游荡着片片白云，
在她也只是浮云而已，
她从不想向哪儿去访寻
已飘逝的春天的踪迹。

玫瑰从来不悲叹既往，
夜莺到晚上就作歌；
还有晨曦，她清芬的泪
从不为过去的事而洒落；
树木的叶子没有因为

害怕不可免的死而飞落，
啊，这一切生命，像大海，
整个注满了眼前的一刻。

个体生活的牺牲者啊！
来吧，摈弃情感的捉弄，
坚强起来，果决地投入
这生气洋溢的大海中！
来，以它蓬勃的纯净之流
洗涤你的痛苦的心胸——
哪怕一瞬也好，让你自己
契合于这普在的生命！

（查良铮/译）

6. 帆

⊙〔俄国〕莱蒙托夫

在大海的蒙蒙青雾中
一叶孤帆闪着白光……
它在远方寻求什么?
它把什么遗弃在故乡? ……

风声急急，浪花涌起，
桅杆弯着腰声声喘息……
啊，——它既不是寻求幸福，
也不是在把幸福逃避!

帆下，水流比蓝天清亮，
帆上，一线金色的阳光……
而叛逆的帆呼唤着风暴，
仿佛唯有风暴中才有安详!

（飞白/译）

7. 没有人是一座孤岛

⊙〔英国〕约翰·多恩

没有人是一座彻底孤立的岛；
每个人都是一小块儿土地，
构成了整片大陆。
如果一块土地被大海冲走，
欧洲就会减损一部分。
如果一个海岬消失，
也是如此；
如果你的朋友或你的庄园消失，
也是如此。
任何人的逝去都是我的损失，
因为我是人类的一员。
因此，永不必问丧钟为谁而鸣；
丧钟为你而鸣。

（刘彦志/译）

8. 道　理

⊙〔英国〕亚历山大·蒲柏

整个自然都是艺术，
只是为你所不知；
所有机遇都是方向，
只是为你所不见；
所有不和都是融洽，
只是为你所不解；
所有小祸终是满福；
即使傲慢有之，
即使理智有瑕，
一个清晰的道理就是，
存在即合理。

（刘彦志/译）

诗中理趣

中国是诗的国度。几千年来，灿若群星的诗人、浩如烟海的诗歌丰富了中华文化，涵养了民族精神。这些诗歌内容丰富，或是寄情山水，或是托物言志，或是咏史怀古……风格多样，或是清新飘逸，或是沉郁顿挫，或是慷慨悲壮，或是婉约细腻……当我们徜徉于诗海时，不仅可以陶冶情操，还可以体悟哲思，品味诗人睿智思索的智慧结晶。

阅读本单元诗歌，要注意诗歌的节奏和韵律，有感情地诵读，体会诗人表达的情感，理解诗中蕴含的哲理。还可以利用网络等资源，查找资料，了解诗人的生平及其时代，更好地理解诗歌的内容，认识作品的价值和意义。

1. 感遇三十八首（其十三）

⊙〔唐〕陈子昂

林居病时久，水木澹孤清。
闲卧观物化，悠悠念无生。
青春始萌达，朱火[①]已满盈。
徂落[②]方自此，感叹何时平。

译文

隐居山林恐于时光久滞，林泉清幽寂静心境淡泊。
我闲躺着观察万物变化，无边地漫想宇宙的起源。
春天草木开始萌芽滋长，夏季它们已经丰盈充满。
然而凋落也正从此开始，何时我才能平息这感叹？

① 朱火：指夏天。

② 徂（cú）落：凋谢，衰落。

学习提示

植物生长，自有兴衰；人生在世，诸多烦扰。诗人陈子昂的一生仕途坎坷，郁郁不得志。诗人表面上“久病山林，水木孤清。闲卧之时，观察物化”，实则是借郁郁葱葱、枝繁叶茂的草木随时间慢慢枯萎的变化，抒发自己的苦闷孤寂、抱负无处施展的悲愤与无奈。

王国维在《人间词话》中说：“以我观物，故物皆着我之色彩。”诵读该诗，体会诗人借助草木变化、季节更替抒发内心情感的特点。

墨汁的历史（一）

传说在周朝时，有一个擅长吟诗作画的人，名叫刑夷。一天，刑夷正在河边洗手，忽然看到河面上漂过来一件黑乎乎的东西，他捞起来一看，原来是一块尚未燃尽的松炭，便顺手丢回了河里。这时，刑夷突然发现，自己一双刚刚洗干净的手染上了一道黑黑的颜色。“松炭既能染色，是否可以用来写字呢？”刑夷不禁陷入思忖之中。他追到下游，又把那块松炭捞了起来。

2. 放言五首（其一）[1]

⊙〔唐〕白居易

朝真暮伪何人辨[2]，古往今来底[3]事无。
但爱臧生[4]能诈圣[5]，可知宁子[6]解佯愚。
草萤有耀终非火，荷露虽团岂是珠。
不取燔柴[7]兼照乘[8]，可怜光彩亦何殊[9]。

①《放言五首》是元和十年（815）作者被贬去江州（今江西九江）的途中所作，本篇为第一首。

②辨：一作“辩”。

③底：何，什么。

④臧（zāng）生：指臧武仲，名纥，字武仲，春秋时鲁国人，曾任司寇。

⑤诈圣：假装圣人。

⑥宁（nìng）子：指宁武子，名俞，春秋时卫国人。

⑦燔（fán）柴：烧火用的柴，这里指大火。

⑧照乘（shèng）：指照乘珠。四马拉一车叫“乘”，珠可照乘，极言光亮。

⑨殊：区别，差异。

译 文

早晨还装得俨乎其然，晚上却揭穿了是假的，古往今来什么样的怪事没出现过？又有谁能预先识破呢？

可悲的是世人只爱臧武仲那样的假圣人，哪知道世间还有宁武子那样的高贤？

萤火虫有光但不是真的火光，荷叶上的露水虽呈球状，难道那就是珍珠吗？

倘不取燔柴大火和照乘明珠来做比较，又何从判定草萤非火，荷露非珠呢？

学习提示

《放言五首》是白居易作的一组政治抒情诗。所选的这首诗通篇议论说理，却不使人感到乏味。诗人引用典故，借助形象，运用比喻阐明哲理，把抽象的议论表现为具体的艺术形象，抒发了自己对当时朝政的不满和对自身遭遇的愤愤不平之情。

诗人以萤光并非火，露滴不是珠，来比喻人间的某些假象，告诫人们要善于透过假象看清事物的本质。有感情地诵读这首诗，注意体会其说理的技巧。

1. 戏为六绝句（其六）

⊙〔唐〕杜甫

未及前贤[①]更勿疑，递相祖述[②]复先谁[③]？
别裁伪体[④]亲风雅[⑤]，转益多师[⑥]是汝师。

译文

今人不及前贤是毋庸置疑的，一个接一个地因袭模仿，谁还能够超过呢？

区别并裁汰那些背离风雅传统的作品，学习《诗经》风雅的优良传统。虚心向前贤学习，无所不师而无定师。

① 前贤：指前代有成就的作家。

② 祖述：因袭模仿。祖，效法。

③ 复先谁：又能超越谁？即怎能超过前人。

④ 别裁伪体：甄别并裁汰那些背离风雅传统的作品。

⑤ 亲风雅：学习《诗经》风雅的优良传统。

⑥ 转益多师：辗转获益，多方面寻找老师。

2. 读　史

⊙〔宋〕王安石

自古功名亦苦辛，行藏[①]终欲付何人?
当时黮黯[②]犹承误[③]，末俗[④]纷纭更乱真。
糟粕所传非粹美[⑤]，丹青[⑥]难写是精神。
区区[⑦]岂尽高贤意，独守千秋纸上尘[⑧]。

---

① 行藏：人之行止，指事迹。

② 黮（dǎn）黯：昏暗，不清楚。

③ 承误：承传谬误。

④ 末俗：指后世败坏的习俗。

⑤ 粹美：指精华。

⑥ 丹青：中国古代绘画的材料，这里指绘画艺术。

⑦ 区区：形容很少，指一点点历史记载。

⑧ 尘：尘土，这里指糟粕。

译文

自古以来一个人要历尽苦辛才能名就功成，可如实记载下他们的事迹要靠哪一个人？

往往是由于当时的情况不清而承传谬误，加上后世的流俗更搅乱了事实以假乱真。

低俗的东西即使怎样流传也不会是精华，要知道绘画最难的是画出人的气质精神。

点点记录怎能写尽古代贤哲的品格学问，俗儒们只会死抱着史书里的糟粕当宝贝。

墨汁的历史（二）

刑夷把松炭带回家，用砖头将它捣碎，研成粉末，然后将黑粉末撒在麦粥碗中。他拿起筷子，在碗里蘸了几下，在墙上不住乱画，墙上出现了一道道黑色的痕迹。

从此，刑夷便用松炭粉末调成的液体写诗作画，这种写诗作画的方式也渐渐在读书人中传播开来。这种液体就是我国最原始的墨汁。

3. 和子由渑池怀旧[①]

⊙〔宋〕苏轼

人生到处知何似？应似飞鸿踏雪泥。
泥上偶然留指爪，鸿飞那复计东西？
老僧[②]已死成新塔，坏壁[③]无由见旧题。
往日崎岖还记否？路长人困蹇驴[④]嘶。

---

① 此诗作于苏轼途经渑（miǎn）池（今属河南）之时，忆及苏辙曾有《怀渑池寄子瞻兄》一诗，从而和之。子由，苏轼弟苏辙，字子由。

② 老僧：指奉闲和尚。

③ 坏壁：指奉闲僧舍残破的墙壁。苏辙原诗自注：“昔与子瞻应举，过宿（渑池）县中寺舍，题其老僧奉闲之壁。”

④ 蹇（jiǎn）驴：腿脚不灵便的驴子。蹇，跛脚。

译文

人生在世，到处奔走，你觉得像什么呢？我觉得应该像飞鸿踏在雪地上吧。

在雪地上留下一些爪印，但转眼它又远走高飞，哪还记得这痕迹留在何方！

老和尚奉闲已经去世，骨灰已安葬到新造的那座小塔之中，当时在上面题诗的那堵墙壁已经残破，我们也没有机会再见到旧时题诗的墨迹了。

是否还记得当年赶考时的艰辛磨难？路途遥远，人困马乏，连那头跛脚的驴都受不了，累得直叫。

砚的历史（一）

1980年，我国考古学家在陕西临潼姜寨的一处遗址中，发现了一套用来彩绘的工具。其中有一砚，砚有盖，砚面微凹，凹处有一根石质磨杵，砚旁留存数块黑色颜料。由于这处遗址归属于母系氏族时期的仰韶文化，故可以推测出这方砚台的年龄已超过了五千个春秋。1975年，在湖北云梦睡虎地的秦墓中，发现了石砚和研石各一件，是由鹅卵石加工制成的。这时的砚与后世的砚相差不大。

4. 冬夜读书示子聿[①]八首（其三）

⊙〔宋〕陆游

古人学问[②]无遗力[③]，少壮工夫[④]老始成。
纸[⑤]上得来终[⑥]觉浅，绝知[⑦]此事要躬行[⑧]。

译文

古人在学习上不遗余力。年轻时下功夫，到老年才有所成就。

从书本上得来的知识毕竟不够完善，要透彻地认识事物还必须亲自实践。

---

① 子聿（yù）：陆游的小儿子。

② 学问：指读书学习。

③ 无遗力：不遗余力，竭尽全力。遗，保留、存留。

④ 工夫：做事所耗费的时间。

⑤ 纸：书本。

⑥ 终：到底，毕竟。

⑦ 绝知：深入、透彻地理解。

⑧ 躬行：亲身实践。行，实践。

5. 宿灵鹫禅寺二首（其二）

⊙〔宋〕杨万里

初疑夜雨忽朝晴，乃是山泉终夜鸣。

流到前溪无半语，在山做得许多声。

译 文

夜宿山寺，夜半听见水声，误以为下雨了。等到清晨起来出门一看，才发现天空晴朗，原来昨夜终夜响个不停的声音不是雨声，而是急湍而下的山泉所发出的声音。

顺流而行，发现山泉在半山坡流下时叮咚作响，流到山下后，水路宽平，就不再像在山里那样因水流曲折而发出许多声音。

6. 己亥杂诗（其二十四）

⊙〔清〕龚自珍

谁肯栽培[①]木一章，黄泥亭子白茅堂。
新蒲[②]新柳三年大，便与儿孙作屋梁。

译文

谁肯在这里种一棵大树呢？黄泥堆砌的亭子，白茅草和土垒的屋子。新种下的杨柳才长到三年，就用来给儿孙做房子的屋梁了。

① 栽培：种植培养。

② 蒲（pú）：蒲柳，又名水杨。

单元学习任务

任务一

古诗讲究节奏和韵律，读起来朗朗上口。请大家用“/”为本单元的古诗划分朗读节奏，用“△”标出韵脚字，并熟读本单元诗歌。

示例：朝真/暮伪/何人/辨，古往/今来/底事/无。

——白居易《放言五首（其一）》

任务二

查找资料，了解诗人创作诗歌的背景。在理解诗歌内容的基础上，找出每首诗中最能体现哲理的诗句，解释这些诗句在诗中的含义，并说一说诗句中蕴含的启示。

题目	诗句	含义	启示
感遇三十八首（其十三）			
放言五首（其一）			
戏为六绝句（其六）			
读史			
和子由渑池怀旧			
冬夜读书示子聿八首（其三）			
宿灵鹫禅寺二首（其二）			
己亥杂诗（其二十四）			

任务三

有很多诗句，读者会赋予它新的内涵与意义，如“欲穷千里目，更上一层楼”，固然是写想要看到无穷无尽的美丽景色，应当再登上一层鹳雀楼，但也可以读出“要积极向上才能高瞻远瞩”的道理来。请收集一下这样的诗句，与同学进行交流。

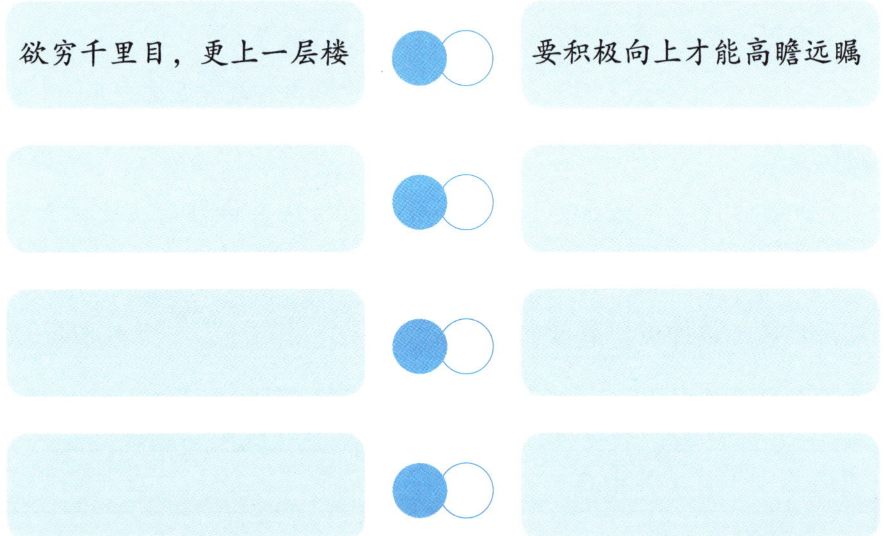

文从字顺

“文从字顺”是书面表达的基本要求。这要求我们在写作时，首先要从词语、句子的层级来推敲我们的表达，做到用词恰当，表意明确，句子连贯，思路清晰；其次，我们还要考虑语句的顺畅得体、繁简得当……一篇好的文章，读起来不仅要自然流畅，如行云流水，还要有轻重缓急的变化。

一篇文章，做到文从字顺，首先要从赘余、残缺、歧义、搭配、词序等角度修改，其次要从句序、照应等角度调整，最后还要读一读，感受一下文章的气脉是否通畅。

1. 月　夜

⊙韩少功

月亮是别在乡村的一枚徽章。

城里人能够看到什么月亮？即使偶尔看到远远天空上一丸灰白，但暗淡于无数路灯之中，磨损于各种噪音之中，稍纵即逝在丛林般的水泥高楼之间，不过像死鱼眼睛一只，丢弃在五光十色的垃圾里。

作者此处的疑问，隐含了城里人看不到真正月亮的观点。接下来以“即使”一词，做了假设的让步，进一步强调城里无月可望。语句顺畅，自然而然地表达了自己的看法。

由此可知，城里人不得不使用公历，即记录太阳之历；乡下人不得不使用阴历，即记录月亮之历。哪怕是最新潮的农村青年，骑上了摩托用上了手机，脱口而出还是冬月初一腊月十五之类的计时之法，同他们抓泥捧土的父辈差不多。原因不在于别的什么——他们即使全部生活都现代化了，只要他们还身在乡村，月光就还是他们生活的重要一部分。禾苗上飘摇的月光，溪流上跳

“飘摇”“跳动”，用词精确，写出了月光照在“禾苗”“溪流”上的不同特点。

动的月光，树林剪影里随着你前行而同步轻移的月光，还有月光牵动着的虫鸣和蛙鸣，无时不在他们心头烙下时间感觉。

“你”这一人称与前后文中“他们”并不一致，但人称的转换不仅没有影响文字的顺畅，反而让人有一种身临其境的真实感受。

相比之下，城里人是没有月光的人，因此几乎没有真正的夜晚，已经把夜晚做成了黑暗的白天，只有无眠白天与有眠白天的交替，工作白天和睡觉白天的交替。我就是在三十多年的漫长白天之后来到了一个真正的夜晚，看月亮从树荫里筛下的满地光斑，明灭闪烁，聚散相续；听月光在树林里叮叮当当地飘落，在草坡上和湖面上哗啦哗啦地拥挤。我熬过了漫长而严重的缺月症，因此把家里的凉台设计得特别大，像一只巨大的托盘，把一片片月光贪婪地收揽和积蓄，然后供我有一下没一下地扑打着蒲扇，躺在竹床上随着光浪浮游。就像我有一本书里说过的，我伸出双手，看见每一道静脉里月光的流动。

“叮叮当当”“哗啦哗啦”，用拟声词修饰“飘落”和“拥挤”，与“听”月光的行为相照应，生动准确，且富有音乐感。

盛夏之夜，只要太阳一落山，山里的暑气就消退，辽阔水面上和茂密山林里送来的一阵阵阴凉，有时能逼得人们添衣加袜，甚至要把毯子裹在身上取暖。童年里的北斗星就在这时候出现了，妈妈或奶奶讲述的牛郎星织女星也在这时候出现了，银河系星繁如云星密如雾，无限深广的宇宙和无穷天体的奥秘哗啦啦垮塌下来，把我黑咕隆咚地一口完全吞下。我是躺在一个凉台上吗？也许我是一个无依无靠的太空人在失重地翻腾？也许我是一个无知无识的婴儿在荒漠里孤单地迷路？也许我是站在永恒之界和绝对之境的入口……

连续多个问句，写出了“我”在月下的思考，由具体到抽象，由对现实处境的疑惑上升到哲学意味的反思，语意连贯，思路清晰。

山谷里一声长啸，大概是一只鸟被月光惊飞了。

（有删改）

砚的历史（二）

汉代由于纸的发明，制砚工艺得到较大发展，砚台上甚至出现了雕刻纹饰。从此以后，砚台步入传统的书画艺术行列，品种日益增多，至魏晋时期就有瓷砚、铜砚、银砚、漆砚、铁砚等。

唐代有端砚、歙砚等精制宝砚。宋代雕砚工艺有进一步发展，宋人把端砚、歙砚、洮河砚以及红丝石砚列为四大名砚。后因红丝石停采，于是澄泥砚便被列为四大名砚之一。明清时期，特别是清朝，由于皇帝的喜爱和推崇，砚的雕琢更加精巧。

2. 牵牛花

⊙叶圣陶

手种牵牛花，接连有三四年了。水门汀地没法下种，种在十来个瓦盆里。泥是今年又明年反复用着的，无从取得新的泥来加入。曾与铁路轨道旁种地的那个北方人商量，愿出钱向他买一点儿，他不肯。

从城隍庙的花店里买了一包过磷酸骨粉，掺和在每一盆泥里，这算代替了新泥。

瓦盆排列在墙脚，从墙头垂下十条麻线，每两条距离七八寸，让牵牛的藤蔓缠绕上去。这是今年的新计划，往年是把瓦盆摆在三尺光景高的木架子上的。这样，藤蔓很容易爬到了墙头；随后长出来的互相纠缠着，因自身的重量倒垂下来，但末梢的嫩条便又蛇头一般仰起，向上伸，与别组的嫩条纠缠，待不胜重量时重演那老把戏；因此墙头往往堆积着繁密的叶和花，与墙腰的部分不相称。今年从墙脚爬起，沿墙多了三尺光景的路程，或者会好一点儿；而且，这就将有一垛完全是叶和花的墙。

藤蔓从两瓣子叶中间引伸出来以后，不到一个月工夫，爬得最快的几株将要齐墙头了。每一个叶柄处生一个花蕾，像谷粒那么大，便转黄萎去。据几年来的经验，知道起头的一批花蕾是开不出来的；到后来发育更见旺盛，新的叶蔓比近根部的肥大，那时的花蕾才开得成。

今年的叶格外绿，绿得鲜明；又格外厚，仿佛丝绒剪成的。这自然是过磷酸骨粉的功效。他日花开，可以推知将比往年的盛大。

但兴趣并不专在看花，种了这小东西，庭中就成为系人心情的所在，早上才起，工毕回来，不觉总要在那里小立一会儿。那藤蔓缠着麻线卷上去，嫩绿的头看似静止的，并不动弹；实际却无时不回旋向上，先朝这边，停一歇再看，它便朝那边了。前一晚只是绿豆般大一粒嫩头，早起看时，便已透出二三寸长的新条，缀一两张长满细白绒毛的小叶子，叶柄处是仅能辨认形状的小花蕾，而末梢又有了绿豆般大一粒嫩头。有时认着墙上斑驳痕想，明天未必便爬到那里吧；但出乎意外，明晨竟爬到了斑驳痕之上；好努力的一夜工夫！“生之力”不可得见；在这样小立静观的当儿，却默契了“生之力”了。渐渐地，浑忘意想，复何言说，只呆对着这一墙绿叶。

即使没有花，兴趣未尝短少；何况他日花开，将比往年盛大呢。

3. 蝶儿飞走

⊙梁晓声

田维同学给我留下的印象是很深的。而且，也是很好的。

她曾是我所开的选修课的学生。每次上课她都提前几分钟来到教室，从没迟到过，也从没在教室里吃过东西，或在我讲课时伏于桌上。更没在我讲课时睡着过……

分明的，她和同宿舍的一名女生很要好。往常是，她们双双走入教室，并坐第一排或第二排。

她不是那类人在课堂，心不在焉的学生。

有次课间，我问她俩："你们形影不离似的，是不是互相之间很友爱啊？"

她俩对视一眼，都微微一笑。

和田维同宿舍的那一名女生说："是啊！"

田维，却什么也没说，目光沉静地看着那一位女同学，表情欣慰。

大约就是在那一堂课后，我在自己的教师信箱里发现了田维写给我的一封信。她的字，写得别提多认真了。笔画工整，接近着仿宋体。两页半笔记本纸的一封信，竟无一处勾改过。她对标点符号之运用，像对写字一样认真。即使在我们中文系的学生中，对汉字书写及标点符号如许认真者，也是不多的。仅就此点而言，她也是一名应该选择汉语言文学专业的学生。

那封信使我了解到，她不幸患着一种接近是血癌的疾病。自此，我再见到她，心情每一沉郁。然而，我眼中的她，一如以往是一名文文静静的小女生。我觉得她的内心，似乎是波澜不惊的。在那一班女生中，她也确乎是看起来小的。不仅指她的身个儿，还指她给我的特殊印象——在我看来，她仿佛仍怀有一颗洁净的初中女生的心。俗世染人，现而今，有那样一颗洁净心的初中女生，大约也是不多的吧？

后来，我曾单独和与她同宿舍的那一名女生谈过一次话，嘱咐她："既然你们是好朋友，更要关爱我们的田维，若有什么情况，及时向老师通告。"

她责无旁贷地回答："我会的。"

于是，我对那一名女生也印象很深了。

某一节课上，我要求几名同学到黑板前，面向大家，发表对一部电影的看法。也请田维到黑板前，对几名同学的评说给出分数，并陈述她自己的给分原则。那几名同学有些像参赛选手，而田维如同评委主席。

没想到田维给出的分数竟极为服众。她的陈述言简意赅，同样令大家满意。我想，一个事实肯定是，那一堂课上，她的中文能力表现良好，又加深了我对她的印象……

其后她缺了好多堂课，我暗问她的室友，得到的回答是——“田维又住院了。”

一个“又”字，使我沉默无语。

田维又出现在课堂上时，我什么都没有问她，若无其事似的。但讲课时，总会情不自禁地看着她。在我眼里，她不仅是大学女生，还是女孩儿。我没法不格外关注我班上的这一个女孩儿。

学期考试时，田维早早地就到教室里了。那一天她很反常，坐到了最后一排去。

考题是散文或评论，任选一篇，没有任何一名同学预先知道考题。

我不明白田维为什么要坐到最后一排去。我猜测也许是她的一种下意识使然——比如对毫无准备的现场写作格外感到压力，比如那一天觉得自己身体状态不好。所以，作为监考老师，我又不由得经常将目光望向她，在内心里对她说：田维，只要你写够了两千字，哪怕愧对“写作”二字，老师也会给你及格的……

她却始终在埋头写着。止笔沉思之际，也并不抬起头来。

在五十余份考卷中，出乎我意料的是——田维的卷面状态最佳。字迹更工整了，行段清晰，一目了然，标点符号也标得分明，规范，正确。

那是五十余份考卷中唯一一份考生自己一处也未勾改过的考

卷，一如她曾写给我的信。

那也是五十余份考卷中唯一一份我一处都未改错的考卷；肯定的，那种情况对于任何一位判中文考卷的老师都是不多见的。

散文题有两则——《雪》或《雨》，可写景，可叙事。田维选择了《雪》，叙事写法。写到了自己的童年，写到了奶奶对她的爱。我至今仍记得她写到的某些细节——冬天放学回家，奶奶一见到她，立刻解开衣襟，将她那双冻得通红的小手紧夹在奶奶温暖的腋下……感冒从小对她就是一件严重的事情，奶奶在冬季来临之前，为她做了一身厚厚的棉衣裤，使她穿上了像小熊猫，自己觉得好笑，奶奶却极有成就感……

在大学中文学子们的写作中，内容自恋的现象多，时髦写作的现象多，无病呻吟的现象多，真情写作却是不怎么多的。

田维落在考卷上的那些文字，情真意切。

我给了她99分，抑或100分。

我记不清了，总之是全班最高分。

我不认为我给她的分数是有失标准的。

我只承认，我给予田维的分数，具有主张的性质。

排开我自己的想法不谈，即使由别位老师来判，在那五十余份考卷中，田维的分数也必然将是最高的，只不过别位老师，也许不会像我一样重视她的考卷所体现出的示范意义……

她竟悄悄地走了，我心愀然。

她竟在假期里悄悄地走了，老师们和同学们都没能一起送她走，这使我们更加难过。

田维是一名热爱中文的女学子。

也是一名极适合学中文的女学子。

我们教的中文，是主张从良好情怀的心里发芽的中文。

这样的一颗心，田维无疑是有的。

现在我终于明白了，她目光里那一种超乎她年龄的沉静，对于我们都意味着些什么了。

田维作为中文女学子，之所以对汉字心怀庄重，我以为也许还是基于这样的想法——要写，就认认真真地写。而且，当成一次宝贵的机会来对待。

这令我不但愀然，亦以肃然，遂起敬。

蝶儿飞走了……

让我们用哀思低唱一曲《咏蝶》……

2007年9月8日于北京

4. 书斋石

⊙高洪波

我的书斋有一怪名：避斋。

曾请友人镌一章：避斋主人稻粱谋士。取的是龚自珍夫子名诗中的两句："避席畏闻文字狱，著书都为稻粱谋。"境界不太高，这是性情使然，其实还是因为骨子里的懒惰。

我书斋里有几块石头，它们陪我伴我，很稳重很深沉。面对这几方石头，我感到愈加心定，遂不得不写一写。

一方石头乃岳父所赠，属于观赏石。石质系青田，八九斤重，雕成层峦叠嶂的山型，再衬以红木底座，古色古香，深稳凝重。这方石头年代久远，据我臆测，起码是清代中期的物件。青田石本身很美丽，色青莹如玉，又光滑如脂，正午的阳光投在石上，几近半透明。这方石头置于我的案头，常让我产生昆仑山的遐思。昆仑山高不可及，远不能达，我从这缩小了的青田石上，觅一点豪放的时空感。但我说不明白为什么是昆仑而非黄山泰山与华山，或许是因为恰恰我没有走访过昆仑。

另一片石头采自大连金石滩，系今年秋季的收获。大连金石滩，有一方巨大的印玺为公园标记，独特又传神。海滩石壁上，有千姿百态的石头。有很大的一块石头，被海水海风万千年地雕琢，神工鬼斧，成为千佛岩的模样；还有一些石头，极似古松的化石。这还够不上奇绝，再向深入走去，有几块举世闻名的龟裂石。石头若硕大的龟壳，粉红的龟壳，蓝色的缝隙，有规则地组合成菱形的图案，一位美国的地质学教授柯劳德誉之为“天下奇石”。

据说龟裂石的形成是沧海桑田的功夫。先是泥土变干，再入水出水，干了的泥土变硬，裂成网状的楔形缝，沉入水中又被新的沉积物充填，再升出水面，多次重复之后，才成为我们见到的这几块了不起的龟裂石。

大石若小屋，小石类八仙桌，由栏杆护住。粉红与天蓝组成美丽鲜艳的花纹，吸引你的眼诱惑你的心。

于是在龟裂石附近的山崖转悠，想找到一块同质地的石头。结果功夫不负有心人，我真的拾到一片书本大小的龟裂石，颜色虽不粉红，甚至近似绿白，可纹路历历可见。我揣想这片石头当与“天下奇石”同龄。它虽厕身于普通的山崖畔，带给我的海洋气息大地风范是相近的。它的前身曾是泥土，一捧泥土，地壳构连运动和海水侵蚀，才使这泥土成为石头。我将此石拾入书斋，图的就是泥土变成石头的过程耐人咀嚼。

再值得一提的石头，是几年前从西藏神湖纳木错背回的一块玛尼石。这石头呈土红色，取石地点在海拔四千七百多米处的世界最高的湖畔。我将它置于书斋，只为忆念那难忘的神湖之旅。浩渺的绿中带蓝的湖水，洁白的雪峰，空寂的山峦，加上牛头、玛尼石堆和高远幽静的蓝天，亘古的荒凉与瞬间热闹喧嚣，就这么古怪地组合在这块石头上，有趣之极。

当然，我的书斋里不只是这么几块石头。举例说，有山东长岛半月湾的温润滚圆的石头、内蒙古达赉湖晶莹的玛瑙石、长白山地下森林铁灰色的火山石、贺兰山石、泰国黑石、西沙珊瑚石，以及出外旅行时顺手拾到的有意味的石头。不过我爱捡石，也喜赠人。譬如贺兰山石与长白山火山石，就送给了一所小学校；泰国黑石赠给了一位远较我更为爱石的朋友；达赉湖的一块白玛瑙石，极似一方微型砚，便转赠一位砚友。有好石在握固然快乐，但赠美石于友人同样其乐融融。

石头坚硬且不朽，它们的生命远远超出我辈。在它们面前，我们只是匆匆的过客，能进入我的书斋并进而走入我的文章，其实是我的荣幸。有爱石的前辈文人曾拜石为兄，曹雪芹先生亦以石为灵感之源，写出不朽的《石头记》。相比之下，我的石瘾石趣石痴全是浅尝辄止，不够档次。

（有删节）

5. 远逝的风筝

⊙李欣宜

又到了一个草长莺飞的季节，我抬头望见公园里满天飘舞的风筝，想起了那首古诗：草长莺飞二月天，拂堤杨柳醉春烟。儿童放学归来早，忙趁东风放纸鸢。我的思绪也随着满天的风筝，回到了童年，回到了姥姥家的小乡村。

岁月若密码，往事锁了一把又一把。许多往事早已随风而逝，而那些关于小乡村的回忆，却始终历历在目。那段被姥姥温暖呵护的岁月，是我最难忘的一段回忆。

姥姥是个心灵手巧的人，每年到了春天，便会扎许多五颜六色的风筝。天气好的时候，姥姥拉着我的手去放风筝。姥姥将手中的风筝高高放飞，风筝在蔚蓝的天空中时而俯冲，时而昂首，好不潇洒！每每此时，村里的小伙伴们便不约而同地赶来，围着姥姥叽叽喳喳地欢笑，小小的村落到处都洋溢着欢声笑语。

岁月若指尖沙，缓缓流逝。我告别了童年时光，离开姥姥，来到城里读书。每年春天，我依然会在休息日回到姥姥家。只是，那些曾经一排排紧密相连的屋舍，好多都已经无人居住了，没有一丝生气。曾经充满烟火气的小乡村像被人施了魔法，再也无处找寻，只能在记忆中一遍遍搜寻和回放了……

姥姥依然拉着我的手去放风筝。记忆中生机盎然的田野不复存在了，几台挖掘机正在一口口蚕食着曾经绿油油的田地……姥姥依然将风筝高高放飞，只是姥姥的手不再像以前那样灵活，姥姥的脚步也不复当年的矫健。空旷的田野上只有我和姥姥两个人。姥姥一边用昏花的双眼凝望着风筝，一边叹息地说道："都像风筝一样，飞高啦，飞远啦，都不想回来啦。是啊，风筝早晚要飞走的……""姥姥，风筝飞走了，这线不是还在您的手里吗？""这风筝的线啊，就是你们的根。人就是天上的风筝，有根线扯着还能落回来。如果那根线也断了，就只能四处漂泊，再也飞不回来啰。"姥姥没有再说下去，我分明看到姥姥的眼中有晶莹的泪花在闪烁。

又是一年除夕，我回到姥姥家。整个村庄异常安静，只能零星地听到几声短促的鞭炮声。"现在整个村子里的人加起来，想凑成几桌打扑克的人都困难啦……"姥姥拿着扑克呆呆地望着静悄悄的窗外……

我又看见了挂在墙角的风筝，它早已破败不堪，上面布满了灰尘。姥姥却仍然舍不得扔掉。风筝早已不复往昔的神采，蔫头耷脑地在墙角静默着，静默着……

风筝，远逝了。远逝的，又何止风筝呢？

（学生习作）

整本书阅读

汪曾祺散文

⊙汪曾祺

阅读导航

有一位作家，他的孙女在上小学时，老师让抄写作家的名句名段，可她在爷爷的书中找不到这样的句子，于是就说："爷爷写的东西一点也不好，没词儿。"这位作家听完哈哈大笑，毫不介意，而且觉得"没词儿"这个评价挺好。这位作家就是汪曾祺老先生。

苏轼在《与二郎侄一首》中曾说："凡文字，少小时须令气象峥嵘，采色绚烂，渐老渐熟乃造平淡。其实不是平淡，绚烂之极也。"汪老先生的作品文字质朴老到，节奏平和舒缓，笔下的现代生活具有深厚的文化意蕴和永恒的美学价值。

汪老的散文受桐城派及归有光、张岱等人的影响，以散文"谈人生琐屑之事"，写凡人小事，记乡情民俗，谈花鸟虫鱼，考辞章典故，以精练生动、委婉明丽的文笔描写市井民风和世态人情。在作品中融入民间文化精神，具有超越时代的独特境界，成就了当代小品文的经典和高峰。

汪老笔下或记忆中的每一个人物，都有种温和亲近的爱，能看到他们的美，不造作。他对草木也用心，和对人一样看待，察其样貌，明其身份，识其住所，对草木朋友知尔甚深。他对美好事物的爱，有时激烈得喷薄而出，更多的时候是平和的，若有若无，弥散在一行一字间。他懂人生之美，赞颂人情，欣赏人的精气神儿，把生活能达到的最美好的境界呈现给你，但他又知人生悲欢，人力有限，光阴无情。他的这种种温情和诚挚之上，又始终有一份通透。

精彩选篇

“揉面”——谈语言（节选）

语言是艺术

语言本身是艺术，不只是工具。

写小说用的语言，文学的语言，不是口头语言，而是书面语言。是视觉的语言，不是听觉的语言。有的作家的语言离开口语较远，比如鲁迅；有的作家的语言比较接近口语，比如老舍。即使是老舍，我们可以说他的语言接近口语，甚至是口语化，但不能说他用口语写作，他用的是经过加工的口语。老舍是北京人，他的小说里用了很多北京话。陈建功、林斤澜、中杰英的小说里也用了不少北京话。但是他们并不是用北京话写作。他们只是吸取了北京话的词汇，尤其是北京人说话的神气、劲头、“味儿”。他们在北京人说话的基础上创造了各自的艺术语言。

小说是写给人看的，不是写给人听的。

外国人有给自己的亲友读自己的作品的习惯。普希金给老保姆读过诗。屠格涅夫给托尔斯泰读过自己的小说。效果不知如何。中国字不是拼音文字。中国的有文化的人，与其说是用汉语思维，不如说是用汉字思维。汉字的同音字又非常多。因此，很多中国作品不太宜于朗诵。

比如鲁迅的《高老夫子》：

> 他大吃一惊，至于连《中国历史教科书》也失手落在地上了，因为脑壳上突然遭到了什么东西的一击。他倒退两步，定睛看时，一枝夭斜的树枝横在他的面前，已被他的头撞得树叶都微微发抖。他赶紧弯腰去拾书本，书旁边竖着一块木牌，上面写道——

看小说看到这里，谁都忍不住失声一笑。如果单是听，是觉不出那么可笑的。

有的诗是专门写来朗诵的。但是有的朗诵诗阅读的效果比耳听还更好一些。比如柯仲平的诗：

> 人在冰上走，
> 水在冰下流……

这写得很美。但是听朗诵的都是识字的，并且大都是有一定的诗的素养的，他们还是把听觉转化成视觉的（人的感觉是相通的），实际还是在想象中看到了那几个字。如果叫一个不识字的，没有文学素养的普通农民来听，大概不会感受到那样的意境，那样浓厚的诗意。“老妪都解”不难，叫老妪都能欣赏就不那么容易。“离离原上草”，老妪未必都能击节。

我是不太赞成电台朗诵诗和小说的，尤其是配了乐。我觉得这常常限制了甚至损伤了原作的意境。听这种朗诵总觉得是隔着袜子挠痒痒，很不过瘾，不若直接看书痛快。

文学作品的语言和口语最大的不同是精练。高尔基说契诃夫可以用一个字说了很多意思。这在说话时很难办到，而且也不必要。过于简练，甚至使人听不明白。张寿臣的单口相声，看印出来的本子，会觉得很啰唆，但是说相声就得那么说，才明白。反之，老舍的小说也不能当相声来说。

其次还有字的颜色、形象、声音。

中国字原来是象形文字，它包含形、音、义三个部分。形、音，是会对义产生影响的。中国人习惯于望“文”生义。“浩瀚”必非小水，“涓涓”定是细流。木玄虚的《海赋》里用了许多三点水的字，许多模拟水的声音的词，这有点近于魔道。但是中国字有这些特点，是不能不注意的。

说小说的语言是视觉语言，不是说它没有声音。前已说过，人的感觉是相通的。声音美是语言美的很重要的因素。一个有文学修养的人，对文字训练有素的人，是会直接从字上“看”出它的声音的。中国语言因为有“调”，即“四声”，所以特别富于音乐性。一个搞文字的人，不能不讲一点声音之道。“前有浮声，则后有切响”，沈约把语言声音的规律概括得很扼要。简单地说，就是平仄声要交错使用。一句话都是平声或都是仄声，一顺边，是很难听的。京剧《智取威虎山》里有一句唱词，原来是“迎来春天换人间”，毛主席给改了一个字，把“天”字改成“色”字。有一点旧诗词训练的人都会知道，除了“色”字更具体之外，全句声音上要好听得多。原来全句六个平声字，声音太飘，改一个声音沉重的“色”字，一下子就扳过来了。写小说不比写诗词，不能有那样严的格律，但不能不追求语言的声音美，要训练自己的耳朵。一个写小说的人，如果学写一点旧诗、曲艺、戏曲的唱词，是有好处的。

外国话没有四声，但有类似中国的双声叠韵。高尔基曾批评一个作家的作品，说他用“咝”音的字太多，很难听。

中国语言里还有对仗这个东西。

中国旧诗用五七言，而文章中多用四六字句。骈体文固然是这样，骈四俪六；就是散文也是这样。尤其是四字句。四字句多，几乎成了汉语的一个特色。没有一篇文章找不出大量的四字句。如果有意避免四字句，便会形成一种非常奇特的拗体，适当地运用一些四字句，可以造成文章的稳定感。

我们现在写作时所用的语言，绝大部分是前人已经用过，在文章里写过的。有的语言，如果知道它的来历，便会产生联想，使这一句话有更丰富的意义。比如毛主席的诗“落花时节读华章”，如果不知出处，“落花时节”，就只是落花的时节。如果读过杜甫的诗“岐王宅里寻常见，崔九堂前几度闻。正是江南好风景，落花时节又逢君”，就会知道“落花时节”就包含着久别重逢的意思，就可产生联想。《沙家浜》里有两句唱词“垒起七星灶，铜壶煮三江”，是从苏东坡的诗“大瓢贮月归春瓮，小杓分江入夜瓶”脱胎出来的。我们许多的语言，自觉或不自觉地，都是从前人的语言中脱胎而出的。如果平日留心，积学有素，就会如有源之水，触处成文。否则就会下笔枯窘，想要用一个词句，一时却找它不出。

语言是要磨炼，要学的。

怎样学习语言？——随时随地。

首先是向群众学习。

我在张家口听见一个饲养员批评一个有点个人英雄主义的组长：“一个人再能，当不了四堵墙。旗杆再高，还得有两块石头夹着。”

我觉得这是很好的语言。

我刚到北京京剧团不久，听见一个同志说：

“有枣没枣打三竿，你知道哪块云彩里有雨啊？”

我觉得这也是很好的语言。

一次，我回乡，听家乡人谈过去运河的水位很高，说是站在河堤上可以“踢水洗脚”，我觉得这非常生动。

我在电车上听见一个幼儿园的孩子念一首大概是孩子们自己编的儿歌：

山上有个洞，
洞里有个碗，

碗里有块肉，

你吃了，我尝了，

我的故事讲完了！

他翻来覆去地念，分明从这种语言的游戏里得到很大的快乐。我反复地听着，也能感受到他的快乐。我觉得这首几乎是没有意义的儿歌的音节很美。我也捉摸出中国语言除了押韵之外还可以押调。“尝”“完”并不押韵，但是同是阳平，放在一起，产生一种很好玩的音乐感。

《礼记》的《月令》写得很美。

各地的“九九歌”是非常好的诗。

只要你留心，在大街上，在电车上，从人们的谈话中，从广告招贴上，你每天都能学到几句很好的语言。

其次是读书。

我要劝告青年作者，趁现在还年轻，多背几篇古文，背几首诗词，熟读一些现代作家的作品。

即使是看外国的翻译作品，也注意它的语言。我是从契诃夫、海明威、萨洛扬的语言中学到一些东西的。

读一点戏曲、曲艺、民歌。

我在《说说唱唱》当编辑的时候，看到一篇来稿，一个小戏，人物是一个小炉匠，上场念了两句对子：

风吹一炉火，

锤打万点金。

我觉得很美。

一九四七年，我在上海翻看一本老戏考，有一段滩簧，一个旦角上场唱了一句：

春风弹动半天霞。

我大为惊异：这是李贺的诗！

二十多年前，看到一首傣族的民歌，只有两句，至今忘记不了：

斧头砍过的再生树，

战争留下的孤儿。

巴甫连柯有一句名言：“作家是用手思索的。”得不断地写，才能扪触到语言。老舍先生告诉过我，说他有得写，没得写，每天至少要写五百字。有一次我和他一同开会，有一位同志做了一个冗长而空洞的发言，老舍先生似听不听，他在一张纸上把几个人的姓名连缀在一起，编了一副对联：

伏园焦菊隐

老舍黄药眠

一个作家应该从语言中得到快乐，正像电车上那个念儿歌的孩子一样。

董其昌见一个书家写一个便条也很用心，问他为什么这样，这位书家说：“即此便是练字。”作家应该随时锻炼自己的语言，写一封信，一个便条，甚至是一个检查，也要力求语言准确合度。

鲁迅的书信，日记，都是好文章。

语言学中有一个术语，叫作“语感”。作家要锻炼自己对于语言的感觉。

王安石曾见一个青年诗人写的诗，绝句，写的是在宫廷中值班，很欣赏。其中的第三句是“日长奏罢长杨赋”，王安石给改了一下，变成“日长奏赋长杨罢”，且说“诗家语必此等乃健”。为什么这样一改就“健”了呢？写小说的，不必写“日长奏赋长杨罢”这样的句子，但要能体会如何便“健”。要能体会峭拔、委婉、流利、安详、沉痛……

建议青年作家研究研究老作家的手稿，捉摸他为什么改两个字，为什么要把那两个字颠倒一下。

“如鱼饮水，冷暖自知”，语言艺术有时是可以意会，难于言传的。

揉　面

使用语言，譬如揉面。面要揉到了，才软熟，筋道，有劲儿。水和面粉本来是两不相干的，多揉揉，水和面的分子就发生了变化。写作也是这样，下笔之前，要把语言在手里反复团弄。我的习惯是，打好腹稿。我写京剧剧本，一段唱词，二十来句，我是想得每一句都能背下来，才落笔的。写小说，要把全篇大体想好。怎样开头，怎样结尾，都想好。在写每一段之间，我是想得几乎能背下来，才写的（写的时候自然会又有些变化）。写出后，如果不满意，我就把原稿扔在一边，重新写过。我不习惯在原稿上涂改。在原稿上涂改，我觉得很别扭，思路纷杂，文气不贯。

曾见一些青年同志写作，写一句，想一句。我觉得这样写出来的语言往往是松的，散的，不成“个儿”，没有咬劲。

有一位评论家说我的语言有点特别，拆开来看，每一句都很平淡，放在一起，就有点味道。我想谁的语言不是这样？拆开来，不都是平平常常的话？

中国人写字，除了笔法，还讲究“行气”。包世臣说王羲之的字，看起来大大小小，单看一个字，也不见怎么好，放在一起，字的笔画之间，字与字之间，就如“老翁携带幼孙，顾盼有情，痛痒相关”。安排语言，也是这样。一个词，一个词；一句，一句；痛痒相关，互相映带，才能姿势横生，气韵生动。

中国人写文章讲究“文气”，这是很有道理的。

葵·薤

小时读汉乐府《十五从军征》，非常感动。

> 十五从军征，八十始得归。道逢乡里人：“家中有阿谁？”“遥望是君家，松柏冢累累。”兔从狗窦入，雉从梁上飞。中庭生旅谷，井上生旅葵。舂谷持作饭，采葵持作羹。羹饭一时熟，不知贻阿谁。出门东向望，泪落沾我衣。

诗写得平淡而真实，没有一句迸出呼天抢地的激情，但是惨切沉痛，触目惊心。词句也明白如话，不事雕饰，真不像是两千多年前的人写出的作品，一个十来岁的孩子也完全能读懂。我未从过军，接触这首诗的时候，也还没有经过长久的乱离，但是不止一次为这首诗流了泪。

然而有一句我不明白，“采葵持作羹”。葵如何可以为羹呢？我的家乡人只知道向日葵，我们那里叫作“葵花”。这东西怎么能做羹呢？用它的叶子？向日葵的叶子我是很熟悉的，很大，叶面很粗，有毛，即使是把它切碎了，加了油盐，煮熟之后也还是很难下咽的。另外有一种秋葵，开淡黄色薄瓣的大花，叶如鸡脚，又名鸡爪葵。这东西也似不能做羹。还有一种蜀葵，又名锦葵，内蒙古、山西一带叫作“蜀蓟”。我们那里叫作端午花，因为在端午节前后盛开。我从来也没听说过端午花能吃——包括它的叶、茎和花。后来我在济南的山东博物馆的庭院里看到一种戎葵，样子有点像秋葵，开着耀眼的朱红的大花，红得简直吓人一跳。我想，这种葵大概也不能吃。那么，持以作羹的葵究竟是一种什么东西呢？

后来我读到吴其濬的《植物名实图考长编》和《植物名实图考》。吴其濬是个很值得叫人佩服的读书人。他是嘉庆进士，自翰林院修撰官至湖南等省巡抚。但他并没有只是做官，他留意各地物产丰瘠与民生的关系，依据耳闻目见，辑录古籍中有关植物的文献，写成了《长编》和《图考》这样两部巨著。他的著作是我国十九世纪植物学极重要的专著。直到现在，西方的植物学家还认为他绘的画十分精确。吴其濬在《图考》中把葵列为蔬菜的第一品。他用很激动的语气，几乎是大声疾呼，说葵就是冬苋菜。

然而冬苋菜又是什么呢？我到了四川、江西、湖南等省才见到。我有一回住在武昌的招待所里，几乎餐餐都有一碗绿色的叶菜做的汤。这种菜吃到嘴是滑的，有点像莼菜。但我知道这不是莼菜，因为我知道湖北不出莼菜，而且样子也不像。我问服务员："这是什么菜？"——"冬苋菜！"第二天我过到一个巷子，看到有一个年轻的妇女在井边洗菜。这种菜我没有见过。叶片圆如猪耳，颜色正绿，叶梗也是绿的。我走过去问她洗的这是什么菜——"冬苋菜！"我这才明白：这就是冬苋菜，这就是葵！那么，这种菜做羹正合适——即使是旅生的。从此，我才算把《十五从军征》真正读懂了。

吴其濬为什么那样激动呢？因为在他成书的时候，已经几乎没有人知道葵是什么了。

蔬菜的命运，也和世间一切事物一样，有其兴盛和衰微，提起来也可叫人生一点感慨，葵本来是中国的主要蔬菜。《诗·豳风·七月》"七月烹葵及菽"，可见其普遍。后魏《齐民要术》以《种葵》列为蔬菜第一篇。"采葵莫伤根""松下清斋折露葵"，时时见于篇咏。元代王祯的《农书》还称葵为"百菜之主"。不知怎么一来，它就变得不行了。明代的《本草纲目》中已经将它列入草类，压根儿不承认它是菜了！葵的遭遇真够惨的！到底是什么原因呢？我想是因为后来全国普遍种植了大白菜。大白菜取代了葵。齐白石题画中曾提出："牡丹为花之王，荔枝为果之王，独不论白菜为菜中之王，何也？"其实大白菜实际上已经成"菜之王"了。

幸亏南方几省还有冬苋菜，否则吴其濬就死无对证，好像葵已经绝了种似的。吴其濬是河南固始人，他的家乡大概早已经没有葵了，都种了白菜了。他要是不到湖南当巡抚，大概也弄不清葵是啥。吴其濬那样激动，是为葵鸣不平。其意若曰：葵本是菜中之王，是很好的东西；它并没有绝种！它就是冬苋菜！您到南方来尝尝这种菜，就知道了！

北方似乎见不到葵了。不过近几年北京忽然卖起一种过去没见过的菜：木耳菜。你可以买两把来，做个汤，尝尝。葵就是那样的味道，滑的。木耳菜本名落葵，是葵之一种，只是葵叶为绿色，而木耳菜则带紫色，且叶较尖而小。

由葵我又想到薤。

我到内蒙古去调查抗日战争时期游击队的材料，准备写一个戏。看了好多份资料，都提到部队当时很苦，时常没有粮食吃，吃"荄荄"，下面多于括号中注明"（音害害）"。我想"荄荄"是什么东西？再说"荄"读gāi，也不读"害"呀！后来在草原上有人给我找了一棵实物，我一看，明白了：这是薤。薤音xiè。内蒙古、山西人每把声母为x的字读成h母，又好用叠字，所以把"薤"念成了"害害"。

薤叶极细。我捏着一棵薤，不禁想到汉代的挽歌《薤露》："薤上露，何易晞！露晞明朝更复落，人死一去何时归！"不说葱上露、韭上露，是很有道理的。薤叶上实在挂不住多少露水，太易"晞"掉了。用此来比喻人命的短促，非常贴切。同时我又想到汉代的人一定是常常食薤的，故而能近取譬。

北方人现在极少食薤了。南方人还是常吃的。湖南、湖北、江西、云南、四川都有。这几省都把这东西的鳞茎叫作“藠头”。“藠”音“叫”。南方的年轻人现在也有很多不认识这个藠字的。我在韶山参观，看到说明材料中提到当时用的一种土造的手榴弹，叫作“洋藠古”，一个讲解员就老实不客气地读成“洋晶古”。湖南等省人吃的藠头大都是腌制的，或入醋，味道酸甜；或加辣椒，则酸甜而极辣，皆极能开胃。

南方人很少知道藠头即是薤的。

北方城里人则连藠头也不认识。北京的食品商场偶尔从南方运了藠头来卖，趋之若鹜的都是南方几省的人。北京人则多用不信任的眼光端详半天，然后望望然后去之。我曾买了一些，请几位北方同志尝尝，他们闭着眼睛嚼了一口，皱着眉头说：“不好吃！——这哪有糖蒜好哇！”我本想长篇大论地宣传一下藠头的妙处，只好咽回去了。

哀哉，人之成见之难于动摇也！

我写这篇随笔，用意是很清楚的。

第一，我希望年轻人多积累一点生活知识。古人说诗的作用：可以观，可以群，可以怨，还可以多识于草木虫鱼之名。这最后一点似乎和前面几点不能相提并论，其实这是很重要的。草木虫鱼，多是与人的生活密切相关。对于草木虫鱼有兴趣，说明对人也有广泛的兴趣。

第二，我劝大家口味不要太窄，什么都要尝尝，不管是古代的还是异地的食物，比如葵和薤，都吃一点。一个一年到头吃大白菜的人是没有口福的。许多大家都已经习以为常的蔬菜，比如菠菜和莴笋，其实原来都是外国菜。西红柿、洋葱，几十年前中国还没有，很多人吃不惯，现在不是也都很爱吃了吗？许多东西，乍一吃，吃不惯，吃吃，就吃出味儿来了。

你当然知道，我这里说的，都是与文艺创作有点关系的问题。

五　味

山西人真能吃醋！几个山西人在北京下饭馆，坐定之后，还没有点菜，先把醋瓶子拿过来，每人喝了三调羹醋。邻座的客人直瞪眼。有一年我到太原去，快过春节了。别处过春节，都供应一点好酒，太原的油盐店却都贴出一个条子："供应老陈醋，每户一斤。"这在山西人是大事。

山西人还爱吃酸菜，雁北尤胜。什么都拿来酸，除了萝卜白菜，还包括杨树叶子、榆树钱儿。有人来给姑娘说亲，当妈的先问，那家有几口酸菜缸。酸菜缸多，说明家底子厚。

辽宁人爱吃酸菜白肉火锅。

北京人吃羊肉酸菜汤下杂面。

福建人、广西人爱吃酸笋。我和贾平凹在南宁，不爱吃招待所的饭，到外面瞎吃。平凹一进门，就叫："老友面！""老友面"者，酸笋肉丝汆汤下面也，不知道为什么叫作"老友"。

傣族人也爱吃酸。酸笋炖鸡是名菜。

延庆山里夏天爱吃酸饭。把好好的饭焐酸了，用井拔凉水一和，呼呼地就下去了三碗。

都说苏州菜甜，其实苏州菜只是淡，真正甜的是无锡。无锡炒鳝糊放那么多糖！包子的肉馅里也放很多糖，没法吃！

四川夹沙肉用大片肥猪肉夹了洗沙蒸，广西芋头扣肉用大片肥猪肉夹芋泥蒸，都极甜，很好吃，但我最多只能吃两片。

广东人爱吃甜食。昆明金碧路有一家广东人开的甜品店，卖芝麻糊、绿豆沙，广东同学趋之若鹜。“番薯糖水”即用白薯切块熬的汤，这有什么好喝的呢？广东同学曰：“好嘢！”

北方人不是不爱吃甜，只是过去糖难得。我家曾有老保姆，正定乡下人，六十多岁了。她还有个婆婆，八十几了。她有一次要回乡探亲，临行称了二斤白糖，说她的婆婆就爱喝个白糖水。

北京人很保守，过去不知苦瓜为何物，近年有人学会吃了。菜农也有种的了。农贸市场上有很好的苦瓜卖，属于“细菜”，价颇昂。

北京人过去不吃蕹菜，不吃木耳菜，近年也有人爱吃了。

北京人在口味上开放了！

北京人过去就知道吃大白菜。由此可见，大白菜主义是可以被打倒的。

北方人初春吃苣荬菜。苣荬菜分甜荬、苦荬，苦荬相当地苦。

有一个贵州的年轻女演员上我们剧团学戏，她的妈妈不远迢迢给她寄来一包东西，是“择耳根”，或名“则尔根”，即鱼腥草。她让我尝了几根。这是什么东西？苦，倒不要紧，它有一股强烈的生鱼腥味，实在招架不了！

剧团有一干部，是写字幕的，有时也管杂务。此人是个吃辣的专家。他每天中午饭不吃菜，吃辣椒下饭。全国各地的，少数民族的，各种辣椒，他都千方百计地弄来吃。剧团到上海演出，他帮助搞伙食，这下好，不会缺辣椒吃。原以为上海辣椒不好买，他下车第二天就找到一家专卖各种辣椒的铺子。上海人有一些是能吃辣的。

我的吃辣是在昆明练出来的，曾跟几个贵州同学在一起用青辣椒在火上烧烧，蘸盐水下酒。平生所吃辣椒亦多矣，什么朝天椒、野山椒，都不在话下。我吃过最辣的辣椒是在越南。一九四七年，由越南转道往上海，在海防街头吃牛肉粉。牛肉极嫩，汤极鲜，辣椒极辣，一碗汤粉，放三四丝辣椒就辣得不行。这种辣椒的颜色是橘黄色的。在川北，听说有一种辣椒本身不能吃，用一根线吊在灶上，汤做得了，把辣椒在汤里涮涮，就辣得不得了。云南佤族有一种辣椒，叫“涮涮辣”，与川北吊在灶上的辣椒大概不相上下。

四川不能说是最能吃辣的省份，川菜的特点是辣而且麻——搁很多花椒。四川的小面馆的墙壁上黑漆大书三个字：麻辣烫。麻婆豆腐、干煸牛肉丝、棒棒鸡，不放花椒不行。花椒得是川椒，捣碎，菜做好了，最后再放。

周作人说他的家乡整年吃咸极了的咸菜和咸极了的咸鱼。浙东人确实吃得很咸。有个同学，是台州人，到铺子里吃包子，掰开包子就往里倒酱油。口味的咸淡和地域是有关系的，北京人说南甜北咸东辣西酸，大体不错。河北、东北人口重，福建菜多很淡。但这与个人的性格习惯也有关。湖北菜并不咸，但闻一多先生却嫌云南蒙自的菜太淡。

中国人过去对吃盐很讲究，是桃花盐、水晶盐，“吴盐胜雪”，现在全国都吃再制精盐。只有四川人腌咸菜还坚持用自贡产的井盐。

我不知道世界上还有什么国家的人爱吃臭。

过去上海、南京、汉口都卖油炸臭豆腐干。长沙火宫殿的臭豆腐因为一个大人物年轻时常吃而出名。这位大人物后来还去吃过，说了一句话：“火宫殿的臭豆腐还是好吃。”

我们一个同志到南京出差，他的爱人是南京人，嘱咐他带一点臭豆腐干回来。他千方百计，居然办到了。带到火车上，引起一车厢的人强烈抗议。

除豆腐干外，面筋、百叶（千张）皆可臭。蔬菜里的莴苣、冬瓜、豇豆皆可臭。冬笋的老根咬不动，切下来随手就扔到臭坛子里。——我们那里很多人家都有个臭坛子，一坛子“臭卤”，腌芥菜挤下的汁放几天即成“臭卤”。臭物中最特殊的是臭苋菜秆。苋菜长老了，主茎可粗如拇指，高三四尺，截成二寸许小段，入臭坛。臭熟后，外皮是硬的，里面的芯成果冻状。噙住一头，一吸，芯肉即入口中。这是佐粥的无上妙品。我们那里叫作“苋菜秸子”，湖南人谓之“苋菜咕”，因为吸起来“咕”的一声。

北京人说的臭豆腐指臭豆腐乳。过去是小贩沿街叫卖的：“臭豆腐，酱豆腐，王致和的臭豆腐。”臭豆腐就贴饼子，熬一锅虾米皮白菜汤，好饭！现在王致和的臭豆腐用很大的玻璃方瓶装，很不方便，一瓶一百块，得很长时间才能吃完，而且卖得很贵，成了奢侈品。我很希望这种包装能改进，一器装五块足矣。

我在美国吃过最臭的“气死”（干酪），洋人多闻之掩鼻，对我说起来实在没有什么，比臭豆腐差远了。

甚矣，中国人口味之杂也，敢说堪为世界之冠。

阅读规划

读书时，可以选择精读和略读，可以做摘录和批注，根据你的阅读习惯，完成下面的“《汪曾祺散文》读书卡”。

提示：1. 与同学们交流关于阅读方法积累和尝试的体验。

2. 请教有阅读经验的人，或者去图书馆，或者利用网络搜集资料看看有哪些阅读的方法可供参考。

《汪曾祺散文》读书卡

阅读时间	阅读时长	文章	摘录	阅读笔记

交流平台

在阅读《汪曾祺散文》时，思考下面这些问题，可以开展专题讨论，也可以把思考结果写成读书笔记。

问题一：阅读《“揉面”——谈语言》一文，总结汪老在文章中谈到的关于语言的创作经验，然后以散文集中的其他文章为例，谈一谈你的理解和体会。

提示：1. 文中重点谈了中国语言的哪些特点？你认为中国语言还有哪些特点？

2. 文中介绍了哪些提升语言运用能力的经验？你有怎样的体会和感悟？

3. 请从散文集中选择你感受最深的一篇文章，分析一下作品的语言特点。

问题二：《〈大淖记事〉是怎样写出来的》可以算是作家的创作杂谈。请拓展阅读《大淖记事》这部小说，深入理解作者的创作理念。

提示：1. 阅读时注意这部小说与你读过的其他小说有什么不同，尤其在作品的语言上，体现了作者怎样的创作主张。

2. 阅读散文集中的《谈风格》和《谈谈风俗画》，分析《大淖记事》这部小说体现了作者怎样的创作风格，在小说中作者写了哪些“风俗画”。

问题三：俗话说：“文如其人。”从这部散文集中，你读到了一个怎样的汪曾祺？

提示：1. 阅读散文集中的作品，梳理作者的生活经历。

2. 阅读散文时，根据文中抒情、议论的语句理解作者表达的情感、态度。

敬 启

为编好这本书，我们与收入本书的作品（含图片）作者进行了广泛联系，得到了各位作者的大力支持。在此，我们表示衷心的感谢。但是，由于个别作者地址不详，虽经多方努力，仍无法取得联系。敬请各位有著作权的作者尽快与我们联系，以便我们支付稿酬，并致谢忱！

我们还要感谢使用本书的师生们。希望你们在使用本书的过程中，能够及时把意见和建议反馈给我们，对此，我们深表谢意，并将给予一定奖励。让我们携起手来，共同完成本书的建设工作。

联 系 人：梁老师　刘老师

联系电话：010-58022100-6362

联系邮箱：ztxx2008@sina.com

网　　址：http://www.ywztxx.com

地　　址：北京市海淀区知春路7号致真大厦A座18层

图书在版编目（CIP）数据

家国情怀 / 任建欣主编. — 上海 : 上海教育出版社, 2021.12

ISBN 978-7-5720-0816-0

Ⅰ. ①家… Ⅱ. ①任… Ⅲ. ①阅读课—初中—教学参考资料 Ⅳ. ①G634.333

中国版本图书馆CIP数据核字（2021）第260853号

责任编辑　朱剑茂
封面设计　陈丽娟　王艺霖
著作权人　北京华樾教育科技有限公司

家国情怀

任建欣　主编

出版发行　上海教育出版社有限公司
官　　网　www.seph.com.cn
地　　址　上海市闵行区号景路159弄C座
邮　　编　201101
印　　刷　河北泓景印刷有限公司
开　　本　720×1010　1/16　印张 66
字　　数　900千字
版　　次　2021年12月第1版
印　　次　2021年12月第1次印刷
书　　号　ISBN 978-7-5720-0816-0/G・0632
定　　价　268.00元（全六册）

如发现质量问题，请向本社调换　　021-64373213